JN312555

教育実習 64の質問

寺﨑昌男
黒澤英典
別府昭郎
〔監修〕

学文社

〈執筆者〉

＊金田　健司	了德寺大学	[1] [5] [32] [45] [61] [63] [64]	
冨江　英俊	関西学院大学	[2] [17] [27]	
林　　尚示	東京学芸大学	[3] [4] [6] [10] [11] [16]	
谷脇由季子	首都大学東京	[7] [34] [55]	
☆寺﨑　昌男	立教学院	[8] [59]	
小林　義彦	武蔵大学	[9]	
＊吉村日出東	奈良文化女子短期大学	[12] [13] [29] [56]	
永井理恵子	聖学院大学	[14] [15] [58] [60]	
酒井　恵子	大阪工業大学	[18] [19]	
＊伊藤　直樹	明治大学	[20] [21] [25]	
桐山　京子	教育科学研究会	[22] [23]	
高橋　靖之	明治大学	[24] [52]	
田実　　潔	北星学園大学	[26]	
☆黒澤　英典	武蔵大学	[28] [45]	
鋒山　泰弘	追手門学院大学	[30] [47] [49] [51]	
☆別府　昭郎	明治大学	[31] [62]	
山本　克典	神戸国際大学	[33] [38] [39] [43]	
次山　信男	東京学芸大学名誉教授	[35]	
川地亜弥子	大阪電気通信大学	[36] [37] [53] [54]	
＊杉浦　　健	近畿大学	[40] [42] [44] [46]	
林　　義樹	日本教育大学院大学	[41] [48]	
鮎澤　瑛子	元東京大学附属中等教育学校	[50]	
岡田　忠男	東洋大学名誉教授	[57]	

(☆は監修，＊は編集代表，執筆順)

本書を読まれる方へ

　日本の教育界は今批判にさらされています。教師も例外ではありません。その批判の主なものは，教える力量がない，動き回る子どもに注意ができない，保護者からのクレームにうまく対応できないなどですが，教育実習をいい機会と考え，批判に対応する能力も伸ばすように努力しましょう。

　教師は，開放制の教員養成制度のもとで，教科の専門的知識や方法能力はもちろんのこと，生徒や保護者や教師仲間とのコミュニケーション能力をも兼ね備えた力量をもっていなければなりません。教師は，知識を伝達する専門職業人（プロフェッショナル）であると位置づけていいのです。

　それだけにとどまらず，教師の仕事は多様になってきています。日常の授業づくりという狭義の学習指導の面はいうに及ばず，生活指導や進路指導の面に広がり，さらには問題をかかえた子どもへの対応や保護者・地域との関係づくりといった領域にまで広がってきています。

　具体的にいいますと，①生徒の教育をしっかりとやる力量を形成している教師（専門教科の知識と教育方法），②生徒とのコミュニケーションをとりうる教師（生徒理解），③父母・保護者とのコミュニケーションをとる教師（保護者の教育論や批判にも動じない教育論をもっている），④職員会議，学年会議，教科会議などの会議体を主体的に担い，自分の教育観に立脚した議論を展開でき，決まったことを実行する，⑤自分の教師としての力量を常に伸ばすように継続教育をする，⑥教師仲間とコミュニケーションをとり，協力する力量をもっている，⑦常に社会の出来事にも目をくばり，それらの意味を解読しうる，などの力量が求められるでありましょう。

　教師志望者は，教育実習を機会に，このような能力を形成すべく，自己発見（Selbstfinden），自己獲得（Selbsterberben），自己創造（Selbstschafen）していくよう努めてほしいと期待しています。

　以上のことを確認したうえで教育行政に目を転じてみますと，2006年7月の中央教育審議会答申「今後の教員養成・免許制度の在り方について」を受けて，

2007年6月,教員免許法が改正されています。この答申では,「教職実践演習」の新設,各大学における「教員養成カリキュラム委員会(仮称)」の位置づけ,教員免許更新制,教職大学院の創設,の4点について取り上げています。これは,世間の教育への批判を梃子にして,教師のあり方と大学の教員養成のあり方のすき間をついたものと見なすことができましょう。いずれにいたしましても,教師教育は,戦後における大きな転換期を迎えているといっていいでしょう。

　教師志望者が力量を形成するために,本書を大いに活用されることを心から期待しています。

2009年3月

寺﨑　昌男
黒澤　英典
別府　昭郎

第1章　実習の前に ——————————————————— 1
- ① 教育実習お願いの訪問　2
- ② 学校でのボランティア，インターンシップ　4
- ③ 教育実習までの準備　6
- ④ 中学校免許と高校免許の教育実習の単位数の違い　8
- ⑤ 実習中の服装　11
- ⑥ 附属学校，出身校および協力校実習の相違点　13
- ⑦ 担当教材がわかる時期，指導案を書く時期　15
- ⑧ 教員採用試験を受けないのに，教育実習してもよいか　17
- ⑨ 教育実習の具体的内容と流れ　20
- ⑩ 実習校における実習生の位置づけ　22
- ⑪ 事務手続きについて　24
- **コラム**　教員採用試験について　26

第2章　実習を行う ——————————————————— 27
[1] 実習をはじめる
- ⑫ 緊張をほぐす方法　28
- ⑬ 話べたが気になる　30
- ⑭ 自分の印象に自信がもてない　32
- ⑮ 実習生としてのあいさつ・自己紹介　34
- ⑯ 教員の職務について　36

[2] 生徒とかかわる
- ⑰ 生徒の名前を覚える　39
- ⑱ 生徒との心理的距離のとり方　41
- ⑲ 生徒に好かれる教師とは　43
- ⑳ 生徒からプライベートな相談をうけたら　45
- ㉑ 生徒に個人的な連絡先を求められたとき　47
- ㉒ 全生徒との平等な接し方　49
- ㉓ ほめ方や叱り方　51
- ㉔ 生活（生徒）指導　53
- ㉕ 教育相談，カウンセリング・マインドについて　56
- **コラム**　カウンセリング・マインドは生徒を助ける「特効薬」か？　58
- ㉖ 特別な支援を必要とする生徒への接し方　59
- ㉗ 教科外活動への参加　62
- ㉘ 道徳の授業を計画する　64

[3] 授業を計画する（指導案づくり）
- ㉙ 授業参観のポイント　67
- ㉚ 生徒の予備知識を知る方法　69
- ㉛ 具体的な担当箇所がわかる時期　71
- ㉜ 学校の授業と塾の授業の相違点　73

- ③③ 授業のさまざまな形態について　75
- ③④ 授業実習の時間数　77
- ③⑤ 指導案のつくり方　80
- ③⑥ 教材研究の目的と方法　83
- ③⑦ 実習生と教師用指導書　86
- ③⑧ 教育機器やコンピュータ　88
- ③⑨ インターネットの利用と注意点　90
- ④⓪ メリハリのあるおもしろい授業をつくるには　93

[4] 授業を行う
- ④① 授業のやり方　95
- ④② 発問の工夫　97
- ④③ 授業中の言葉遣いについて　100
- ④④ 実験・実習授業の効果的な行い方　102
- ④⑤ 指導案どおりに授業がいかないとき　104
- ④⑥ 生徒の答えへの対応　107
- ④⑦ 質問に答えられない場合の対応　109
- ④⑧ まちがったことを教えたときの対処の方法　111
- ④⑨ 年間教育計画どおりに授業が進まないとき　113
- ⑤⓪ 板書の仕方と間のとり方　115
- ⑤① 授業中に時間が余ったり，足りなくなったとき　117
- ⑤② 生徒が騒いだ場合の対処　119
- ⑤③ 小班活動，話し合い学習をうまく行うために　121
- ⑤④ 少人数授業のやり方と留意点　123
- ⑤⑤ 研究授業　125

[5] 先生や学校とのかかわり
- ⑤⑥ 担当の先生とうまくいかなかったときの対応　127
- ⑤⑦ 校則と自分の考えとが合わなかったとき　129
- ⑤⑧ 実習期間中に体調を崩した場合　131
- ⑤⑨ 実習期間中の就職活動　133
- ⑥⓪ 実習生同士でよい仲間関係をつくるには　135

第3章　実習の後に ―― 137

- ⑥① 先生へのお礼　138
- ⑥② 教育実習経験を生かすまとめの仕方　140
- ⑥③ 教育実習の評価について　142
- ⑥④ 教員採用試験に生かす　144
- コラム　講師になるにはどのようにしたらよいか　146

資　料　教育基本法　147

第1章
実習の前に

1 教育実習お願いの訪問

　教育実習のお願いに行く際に気をつけるべきことはどんなことでしょう。母校にお願いするのが一般的と聞いていますが，もし母校に教育実習を断られたらどうしたらよいのでしょうか。

　細かなことをいえば，教育実習は事前訪問のための電話での打ち合わせの段階から始まると考えるべきかもしれません。教育実習の期間は，各大学や学生によって異なることも考えられますが，おおむね6月か10月ごろが多いようです。ここでは，教育実習が6月に行われることを想定し，話を進めていきたいと思います。事前訪問の期日は事前の電話にて決めますが，基本的に先方の都合を最優先させます。ただし，基本線をいえば，ゴールデンウィーク中の平日（学校のある日）か，ゴールデンウィーク後（5月中旬）です。もちろん，事前の電話にて先方から日時を指定された場合には，その日時を最優先してください。

　さて，それでは事前訪問のための電話のかけ方から話を始めます。まず，事前訪問のための電話は，ゴールデンウィーク前にかけてください。その際，携帯電話は使わないでください。携帯電話は電波の状況によっては途中で切れることがあるだけではなく，言葉がはっきり聞き取れなかったり，逆に自分の声が先方によく伝わらなかったりするからです。必ず有線電話を使用してください。また，電話は先方の都合を考えて午前10時～午後4時30分くらいの間にかけたほうがよいでしょう。ただ，昼休みは先生方も忙しいので避けましょう。昼食を摂るだけが教師の昼休みではないからです。次に，他学部や他学科の学生を含め，同一校に複数名の学生がお世話になる場合には，個々に電話をするのではなく，代表者を決め，その代表者が電話をするようにしてください。あなたがお世話になる学校で実習をするのは，なにもあなたの大学の学生だけとは限らないからです。個々に電話をされたら，先方はたまったものではありません。

　事前訪問の日程が決まったら，いよいよ訪問です。事前の電話同様，同一校に複数の学生がお世話になる場合には，個々に訪問せず，必ず一緒に訪問しましょう。その際，車やバイクでの乗り入れは，原則的にやめましょう。多数の

子どもがいる教育現場ゆえ，不測の事態が起きかねません。ただし，実習先までの公共の交通手段がないなど，どうしても車やバイクを使用しなければならない場合は，必ず実習先の許可を得たうえで，細心の注意をはらって使用するようにしてください。また，車やバイクを使用する旨は実習先のみならず，大学にも報告しておきましょう。ところで，公共の交通機関を利用して訪問するにせよ，車やバイクを使用して訪問するにせよ，事前訪問の際には多少（10分程度）早めに到着することが肝要です。なぜならば，先生方は多忙をきわめており，公務の合間をぬってみなさんに会ってくださるからです。遅刻は論外ですが，逆に早すぎても先方は迷惑です。万が一，定刻に到着しそうにないときには，必ず電話にて連絡をとるようにしましょう。その際には，遅刻せざるを得なくなってしまった理由も告げるようにしてください。最も丁寧なのは，たとえ定刻に到着できることがわかっていても，到着の10分か15分くらい前に電話をいれることです。

　さて実習先に着いたら，すぐに携帯電話の電源は切るようにしてください。先生方との打ち合わせの途中で着信音が鳴ってしまうなどは，みっともないだけではなく，先生方に対してきわめて失礼なことだからです。マナーモードでは駄目です。電源を切るようにしてください。ひとたび校舎内に入ったら，先生方や職員はもちろんですが，子どもたちや保護者などにも大きな声でにこやかに挨拶をしましょう。学校内で会う方一人ひとりが，間接的にはみなさんを指導されることを忘れてはなりません。歩きながらの挨拶や，首を適当に曲げるだけの挨拶は，実社会では挨拶とは認められないからです。つぎに，事前訪問時に必ず確認しておくべき事項を列挙します。①学校長名，②副校長名，③学級指導教諭名，④教科指導教諭名，⑤担当学年と組，⑥学校の教育目標，⑦担当学級の教育目標，⑧担当する教科，⑨使用する教科書名，⑩指導案の形式と書き方，⑪校則およびその他の諸規則，⑫校務（教務）分掌，⑬全生徒（児童）数と学級編成，⑭教職員数，⑮始業時刻（職員朝礼時刻），⑯終業時刻，⑰学校の地域性──少なくともこれらの項目についてはしっかりとメモをとるようにしてください。

（金田健司）

2 学校でのボランティア，インターンシップ

教育実習の前に，学校でのボランティアやインターンシップを行って学校を知っておいたほうがよいといわれました。学校でのボランティアやインターンシップはいったいどのようなものですか。どうしたら参加することができますか。

学校ボランティア，学校インターンシップと呼ばれるものは，最近，急速に増えてきました。そのなかには，さまざまな種類があります。期間としては，1年間にわたって週1回行くものもあれば，夏休みに数日間だけ行うものもあります。活動の内容としては，授業の補助や，学級経営の補助，つまずいている子ども・障害のある子ども・心に問題をかかえている子どものサポート，部活動の指導，運動会などの学校行事のお手伝いなどが，代表的なものです。実施の形態としては，教育委員会が実施しているもの，学校が独自に募集しているもの，大学の授業の一部であるものなどがあります。活動を行った対価としては，単位が出るもの，アルバイト代が出るもの，単位にもお金にもならないものなど，実にさまざまです。「学校ボランティア」「学校インターンシップ」という言葉も，まちまちに使われはっきりした定義はないので，ここでは以下「学校インターンシップ等」と呼ぶことします。

なぜ，これほどまでに，学校インターンシップ等がさかんになっているのでしょうか。大きくまとめて次の2つの理由があげられます。1つ目は，即戦力となりうる新任教員の育成です。新任の教員は，授業や学級担任など，ベテランの教員と同じ業務を求められます。ますます困難をかかえる教員の仕事において，大学生の間から，教育現場を体験することが必要だと考えられるようになってきたのです。2つ目は，学校現場における人手不足です。今日の学校では，少人数学級やティーム・ティーチングといった今まで以上に多くの教師が必要な授業が多くなっています。また，発達障害の子どものサポートに代表されるような，特別支援教育の新たな需要が出てきています。教員志望の大学生，教育実習を予定している大学生は，この人手不足に対応する格好の人材とされているわけです。

参加しなければよい教育実習ができないというわけではないですが，機会があれば参加してみるのがよいでしょう。先生でも生徒でもない立場で，教育現場に身をおくことは，あまりない貴重な機会です（教育実習生は基本的には先生ですから）。とくに教員採用試験の受験を考えている人は，なんらかのかたちで体験することをお薦めします。都道府県によっては，教員採用試験の受験票に学校インターンシップ等の経験を書かせる欄がある場合もあります。しかし，学校インターンシップ等に打ち込みすぎるあまりに，大学の授業がおろそかになっては，本末転倒です。とくに，週1回学校に行くといった形態に参加する場合は気をつけましょう。

　どんな学校インターンシップ等があるのか，見つけて応募する方法はいくつかあります。最も一般的なのは，通っている大学をとおして探すことです。授業の一部，あるいはそれに準ずるものであれば，その授業を履修すればいいでしょう。または，アルバイトを紹介している窓口（学生課など）や，教員採用試験の対策を行っている窓口（キャリアセンターなど）に，学校インターンシップ等を募集しているポスターが貼ってあったり，案内が置いてあることがよくあります。職員に問い合わせれば，何か教えてくれることでしょう。ほかには，教職の授業を担当しておられる先生に聞くことも考えられます。個人的なネットワークで，学校現場からの依頼がくることもあるようです。大学以外で見つける方法としては，住んでいる市区町村の教育委員会に問い合わせたり，出身の中学校や高校の恩師に相談することが考えられます。その気になれば，なんらかの機会にめぐりあえる可能性は高いと思います。

　最後に，学校インターンシップ等を行ううえでの注意事項を述べておきます。一社会人として言葉遣いや服装に気をつけるのはもちろんですが，先生でも生徒でもない立場であることを認識する必要があります。先生と同じように指導するのは越権行為ですが，指示されたことしかやらないのでは意味がありません。「どこまで，子どもにかかわればよいのかがむずかしかった。」という声を学校インターンシップ等経験者からよく聞きます。最初は試行錯誤の連続でしょうが，現場の先生と相談する機会をこまめにもち，あくまでも補助的立場であることを意識して，実りある経験となるようにしましょう。

（冨江英俊）

3　教育実習までの準備

実際に教育実習に行く前に行うべき準備はどんなことがあるでしょうか。前もって調べておくべきことはありますか。教育実習直前のあいさつは必要でしょうか。

　教育実習は大学の授業科目ですから，目的や目標があり，教育実習事前指導が行われます。ある教員養成大学では，次のように目標を設定しています。

　　目　的
　　　教育実習は学校教育の実際を教育現場で経験することによって，主体的な研究心を保持しつつ大学における教育についての理論的・技術的な学習成果の適用と検証を行い，その深化をはかることを目的とする。

　つまり，学生にとっては大学で学んだ理論や技術について確認する場であり，教育実習を担当する指導教諭にとっては，学生が大学で学んだ理論や技術の適用と検証をさせることが目的となっています。この目的達成のために次の3つの目標を定めています。

　　目　標
　　1　教育に対する心構えや，幼児・児童・生徒に対する理解と愛情を深める。
　　2　統合的実践的な学習体験を通して，教育現場への課題意識と解決への洞察力を得て，今後の研究の方向を明確にする。
　　3　教職と自己に対する認識を深め，教職志望者としての自覚と，教職者としての今後努力すべき資質能力形成のための計画を明確にする。

　学生の在籍する大学によって多少異なることもありますが，教育実習の指導教諭は上記のような目的や目標に基づいて指導することになります。
　また，大学によっては，たとえば，「教職の意義等に関する科目」の「教職入門」，教育実習の事前・事後の指導，附属学校での基礎実習，公立私立学校での応用実習を含めて教育実習関係授業科目としています。

教育実習関係科目＝教職入門＋事前・事後の指導＋基礎実習＋応用実習

　これらをとおして上記の教育実習の目的と目標の育成がめざされているため，実際に教育実習に行く前に行うべき準備としては，とくに，教育実習の目的と

目標を確認しておくことが必要です。そして，目的や目標を短期間の教育実習で達成するため，担当学年や担当教科・科目の教科書と単元がある程度決まった場合は，その教科書を用意し，教材研究を進めておくとよいでしょう。

　また，実際に教育実習に行く前に行うべき準備としては，「市町村教育委員会，実習校の基本方針，教育目標の確認」もとても大切です。教育実習の指導教諭は学生には教育実習の指導を行い，児童生徒には同時に公教育を実施しています。児童生徒を対象とする公教育は，市町村教育委員会，実習校の基本方針，教育目標に基づいて実施していますので，これらの方針を事前に入手しておくと学校現場を理解する際の有力な情報となるでしょう。

　さらに，「自分の専攻と担当教科が異なるときへの対応」の準備についても述べておきたいと思います。たとえば小学校の教育実習の場合，原則として全教科と教科外の領域の指導，さらには生徒指導（生活指導）など教育課程外の指導が教師の教育の内容です。そのため，学生にとっては興味や関心が必ずしも高くない内容の指導をすることもあります。その際も，学校の普通免許状は，教科指導と教科外指導をする能力が要求されているのだと考え，学習指導要領，学習指導要領の解説，教科書，参考書などを有効に活用して幅広く準備をしておいてください。

　最後に，先生としての服務義務についても教育実習に行く前に調べておいてください。教育実習先では学生といえども先生と同程度の規範意識が求められます。公立学校の先生は地方公務員ですので，地方公務員法に基づいて，①職務上の義務，②身分上の義務があります。職務上の義務には，法令および上司の職務上の命令に従う義務と職務に専念する義務があります。身分上の義務には，信用失墜行為の禁止，秘密を守る義務，政治的行為の制限，争議行為等の禁止，営利企業等の従事制限があります。そのため，たとえば職務専念義務の観点からみれば，教育実習中の学生が学校内で私的なことをしていると快く思わないでしょうし，信用失墜行為の禁止という観点からみれば，学生が教員の職の信用を傷つける行為や不名誉となる行為をすることも快くは思われません。先生方の服務から，実習生が将来の教師としての姿を思い描けるように，十分に予備知識を得ておいてください。

　　　　　　　　　　　　　　　　　　　　　　　　　　　（林　尚示）

4 中学校免許と高校免許の教育実習の単位数の違い

中学校免許取得のための実習期間と高校免許取得のための実習期間の長さが異なっていますが，それぞれの実習にはどのような違いがありますか。また中学校免許取得のために高校に実習に行ってもよいのでしょうか。

　中学校免許や高校免許の取得については，教育職員免許法や教育職員免許法施行規則の規定によって詳細が定められています。

　教育職員免許法施行規則では，「第六条　免許法　別表第一に規定する幼稚園，小学校，中学校又は高等学校の教諭の普通免許状の授与を受ける場合の教職に関する科目の単位の修得方法は，次の表の定めるところによる。」とされており，教育実習は表の第六欄に規定されています。小学校教諭免許状では教育実習の最低修得単位数は5単位，中学校教諭免許状でも教育実習は5単位，高等学校教諭免許状では教育実習は3単位です。そして，実習先については，同規定の備考で，「授与を受けようとする普通免許状に係る学校並びにその前後の学校段階の学校の教育を中心とする」とされています。そのため，規定上，中学校教諭の普通免許状の授与を受けるために高等学校にいっても所定の単位が得られれば問題ないことになります。

　また，同規定の備考では，「教育実習の単位数に，教育実習に係る事前及び事後の指導1単位を含む」としています。そのため，中学校教諭免許状取得のために高等学校に行く場合も1単位分の「教育実習に係る事前及び事後の指導」（以下，「事前事後指導」と略記）と，残り4単位分の学校での教育実習のあわせて教育実習5単位が必要となります。

　中学校免許取得のための実習期間と高校免許取得のための実習期間の長さが異なっているというのは，中学校免許のために学校での教育実習をするのは教育実習5単位から事前事後指導の1単位を引いた本実習4単位であり，高校免許取得のために学校で教育実習をするのは教育実習3単位から事前事後指導1単位を引いた本実習2単位であるからです。

　なお，単位というのは，大学設置基準によって規定されている大学で定める科目にあてる授業時間の基準です。大学設置基準では，「第二十一条　各授業

表1　2週間実習と3週間実習

区分	単位	時間	日数	1日当たり時間数	対応免許
2週間実習	2単位分	60時間	10日	6時間	高免に対応
3週間実習	4単位分	120時間	15日	8時間	小・中免に対応

科目の単位数は，大学において定めるものとする。(中略，執筆者による)二 実験，実習及び実技については，三十時間から四十五時間までの範囲で大学が定める時間の授業をもつて一単位とする。」と定めています。

　1単位を30時間とする大学では，教育実習を1日6時間実施した場合，5日で30時間のため1単位分です。高校免許取得のために高等学校で2週間実習し，その成果が評価されれば2単位分となり，事前事後指導とあわせて3単位の教育実習となります。

　中学校免許のために中学校や高等学校で教育実習を1日8時間行った場合，5日で40時間のため3週間で120時間，つまり4単位分です。

　本来ならば2週間で2単位分，4週間で4単位分とするのがわかりやすいのですが，大学によっては，教育実習1日の教育時間によって4単位分の教育に3週間から4週間の幅が出てくる場合があります。2週間実習で2単位分のケースと3週間実習で4単位分のケースについて表1にしてみました。

　なお，120時間で4単位分とすると，4単位分の教育を受けるには，実習校や大学の事情によっては，実習期間は3週間に限らず，1日6時間の実習で4週間，あるいは2週間実習を附属学校と協力校の両方で行う4週間実習でも支障はありません。

　また，教育職員免許法施行規則の第六条備考では，「例えば高等学校教諭の普通免許状の授与を受ける場合の単位は，教育実習は2単位まで，幼稚園，小学校又は中学校の教諭の普通免許状の授与を受ける場合のそれぞれの科目の単位をもってあてることができる」とされています。つまり，事前事後指導1単位分を除いて中学校で4単位の本実習を実施すると，教育実習に関しては中学校教諭の普通免許状と高等学校の普通免許状の両方に生かせます。ただし，高等学校で事前事後指導を除いて4単位の本実習をした場合，高等学校の要件は

表2　普通免許状の授与に必要な教育実習の単位

普通免許状	教育実習の単位	事前事後指導	本実習	他の学校の免許状授与の科目の単位をもってあてられる単位
中学校	5単位	1単位分	4単位分	3単位分
高等学校	3単位	1単位分	2単位分	2単位分

十分に満たしますが，中学校教諭の普通免許状の場合は，教育実習3単位までしか，他の学校の教諭の普通免許状の授与を受ける場合のそれぞれの科目の単位をもってあてることができませんから，中学校と高等学校の両方をカバーする単位としては不足することになります。

　最初の問いに戻って，「中学校免許取得のための実習期間と高校免許取得のための実習期間の長さが異なっていますが，それぞれの実習にはどんな違いがありますか」という点については，本実習の単位が違っており，中学校は4単位分，高等学校は2単位分です。「中学校免許取得のために高校に行ってもいいのでしょうか」という点については，「他の学校の免許状授与の科目の単位をもってあてられる単位」分としての実習であれば行ってもよいのですが，中学校の普通免許状の授与に必要な教育実習の単位は4単位分ですから30時間1単位の大学の場合，表2の条件を満たした上で120時間の教育実習を受ける必要があります。

　単位数つまり時間数による量的な側面からみると，高等学校よりも中学校の教師になる場合のほうが学校現場での教師の仕事をよく知ってもらってから資格を与えたいともとれる基準となっています。なお，教育実習期間が短くて不安であるといった場合は，教育実習とは別に，各地方公共団体が実施している学校インターンシップ等の形態で長期的に学校教育にかかわっていくことをお勧めします。学校インターンシップ等の場合，大学の授業科目「教育実習」とは異なった視点から先生方の業務や児童生徒の様子を観察することもできますし，指導教諭と指導学生の関係ではなく教諭とボランティア員の関係ですと，校長先生などの管理職の先生やそれ以外の先生方などからさらに現場に即したアドバイスもいただけると思います（質問2参照）。　　　　　　　（林　尚示）

5 実習中の服装

実習中はどのような服装をしたらよいですか。常識的な範囲を教えてください。

　実習中の服装についてのご質問ですが，それ以前の問題として，注意を促しておきたいことがあります。それは，教育現場とは，あなたの個性を披瀝(ひれき)する場ではなく，あなたの常識とやる気こそを存分に発揮すべき場であるということです。ですから，いくらあなたが常識的だ，普通だ，洗練されている，カッコいいと思う服装を着用していたとしても，教育現場にふさわしくない，むしろ忌避(いひ)されるべき服装をしている場合もありうるということです。試されているのはあなたのセンスではなく，あなたの常識であるということを肝に銘ずるべきです。もし，服装について自信がなければ，あなたが教育実習に着て行こうとしている服装を着用して，大学の指導教授か，できれば教育実習担当の先生にみてもらってください。服装の適否なり，適切なアドバイスをくれることでしょう。これから述べることには，多少，厳しいと感じられることもあるかもしれませんが，これが教育実習をさせてもらう側の常識であると心得てください。

　むずかしいのは，教育実習はほとんどの場合が6月か10月に行われますので，季節によって適切なものを着用しなければならないということです。無難なのは男性の場合にせよ女性の場合にせよ，時期に応じた，いわゆる就職活動スタイル（リクルートスタイル）で臨めばまちがいないといえます。6月にせよ10月にせよ，衣替えの季節ですので，先方の指示に，あるいは大学の教育実習指導の先生の指導に従い，清楚かつ清潔を旨としてください。

　この「清楚かつ清潔」ということに関していうならば，女子学生の場合でしたら，厚化粧，ネックレス，ピアス，イヤリング，指輪はしないことです。マニキュアや長すぎる爪も教育現場にはふさわしくありません。最近では男子学生のなかにもピアスや指輪をしたり，爪を理由もなくのばしている者が少なからず見受けられますが，いうまでもなく，やめるべきです。これは見た目だけのことからいっているのではなく，危ないからです。実習期間中は児童生徒と

いろいろなところで，いろいろな場面でふれあいます。実習生の仕事は学習指導だけではありません。休み時間に一緒に思いっきり遊んだり，一緒に昼食をとったり，一緒に清掃をしたり，放課後にクラブ活動の指導を任されたり，夏季ならば水泳の指導をしたりと，実習生の「仕事」は予想以上に多岐にわたります。これらの実習活動を遂行するうえで，ネックレス，ピアス，イヤリング，指輪が原因で児童生徒を傷つけてしまったり，また逆にこちらが傷つけられたりということも考えられることなのです。とくに夏場は不衛生でもあります。また，頭髪に関していうならば，男女を問わず，茶髪，金髪，脱色などはもってのほか，非常識中の非常識と心得るべきです。児童のなかには茶髪，金髪，脱色している大人を怖がってしまう子どもさえいます。もっとも厚化粧，ネックレス，ピアス，イヤリング，指輪，長すぎる爪，非常識な頭髪をしている場合には，事前訪問の段階で厳しい指導があるか，さもなければ実習を許可されないことも考えられます。男子学生の場合でしたら，無精髭にも注意してください。要は，事前訪問の段階から，みなさんの常識が試されているということを肝に銘じてもらいたいのです。また，リクルートスタイルで事前訪問と実習に望む以上当然ですが，靴は必ず黒の革靴を履くようにしてください。リクルートスタイルにスニーカーは，社会では非常識なのです。

　最後に，中学校ならびに高等学校で美術や体育の実習をさせてもらうみなさんにいっておきたいことがあります。みなさんが担当する教科は，相当な"汚れ"を覚悟しなければならない教科です。美術の実習ならば，絵の具や鉛筆などによって，体育の実習ならば汗や泥などによって相当に汚れます。また一生懸命に指導するならば，汚れて当然です。しかし，だからといって，体操着や汚れてもよいような服装で出勤・退勤することは，社会常識上，許されることではありません。出勤後に指導教諭の先生の許可を得てから体操着や汚れてもよいような服装に着替えるのならば，なんの問題もありません。しかし，たとえば一時間目から実践実習が入っているからといって，体操着や汚れてもよい服装で出勤・退勤することは，少なくとも実習生という立場においては，あってはならないことであると心得てください。

　　　　　　　　　　　　　　　　　　　　　　　　　　（金田健司）

6　附属学校，出身校および協力校実習の相違点

大学の附属校で実習をすることになりました。出身校実習や協力校実習と比べてどんな点が違うのでしょうか。また，これら三者にはどんな特徴があるのでしょうか。

　大学の附属学校での実習，出身校実習，協力校実習ともに，学校現場での指導教諭は，校長からの指示等に基づく学校での公的な業務として教育実習の指導を担当しますので，責任ある指導が行われます。そのうえで，それぞれのちがいを説明してみます。教育実習の実施を学校の特色の一つとする教員養成大学の附属学校の場合，附属学校の先生方は毎年複数名の学生の教育実習を指導します。そのため，小学生または中学生あるいは高校生に指導することを専門とする先生方は，同時に学生に教育実習を指導する専門家でもあります。国立の教員養成大学の附属学校は，公立学校で実施されていることと同様の業務に加えて，大学の授業の一つである教育実習を担当するのに十分な資質や力量をもった先生方の集団です。さらに，一般の公立校と異なり教育実習主任という主任職がおかれます。附属学校では，経験豊かな教育実習担当の教師から，過去の経験の蓄積に基づいてさまざまなケースを想定したアドバイスを受けられます。

　小学校や中学校の教育実習は出身校で行うことは少ないのですが，高等学校の教育実習を附属校，協力校以外の出身校で実施することはあります。その際，利点としては，学校の独自性を十分に卒業生として理解しているので，私学の場合，建学の理念に沿った教育実習ができたり，生徒として高校時代に指導していただいた先生に今度は学生として教育実習の指導をしていただけたり，学校周辺の地域の特色について理解しているので，短期間でも実り多い実習ができることです。その反面，指導教諭のほうは毎年複数名の教育実習を担当するというわけではありませんので，先生としても試行錯誤の指導ということになることもあるかもしれません。

　教育実習を協力校で実施する場合もありますが，協力校は附属学校と異なり，毎年教師全員が教育実習を担当するという学校ではありません。そのため，出

附属学校	教育実習が毎年あり複数名担当するため，教育実習の多くのケースを知るベテランです。
出身校	卒業生を指導するため，記憶や伝聞で学生を理解しやすいため多くの情報を駆使して最適な指導ができます。
協力校	大学と都道府県教育委員会との連携に基づいて都道府県教育委員会，市町村教育委員会からの受入依頼通知書によって受入可とした学校であるため，教育委員会によって教育実習の適正な運営が保証されているという意味で，協力校の先生からも安心して教育実習の指導を受けることができます。

身校実習と同様の条件となります。もちろん，大学と地方公共団体とが連携して，地方公共団体の教育実習実施要綱に基づいて，公立の協力校は教育委員会からの依頼で大学の学生を受けいれ，指導教諭は校長からの指示で校務として教育実習を担当しています。そのため，教育委員会から依頼を受けた校長が，教育実習の担当にふさわしい指導力のある教師に教育実習の指導を依頼しているので，ベテランの先生に指導を受けることで，公立学校での先生方の職務を十分に理解できるようになり，有益な経験となります。

　なお，実際には附属学校が出身校でもある場合や，協力校が出身校でもある場合など，さまざまなケースが考えられます。

(林　尚示)

先輩からの一言

　私は，出身校である高等学校で教育実習を行いました。卒業生であるため，教育方針や学校の特徴は事前にしっかり押さえて実習に臨むことができました。また，小学校や中学校と異なり，高等学校は卒業して数年しか経っていないため，高校時代にお世話になった先生方が多数いらっしゃいました。そのため，わからないことは遠慮せず聞くことができ，先生方も，とても親身になって相談に乗ってくれたように思います。さらに，出身校で実習を行うことで，生徒との共通の話題が多くなることも利点の一つです。授業中に高校時代の話をすると，生徒は興味をもって聞いてくれましたし，勉強や部活動，学校行事等のアドバイスには，真剣に耳を傾けてくれました。しかし，出身校でお世話になった先生方のもとで実習を行うことは，大学の附属校や協力校と違い，やや緊張感に欠けるものになりがちです。実習生の受け入れは，学校側にとって負担になっているということを忘れずに，どんなに慣れた環境であっても，常に謙虚に学ぶ姿勢で実習に取り組むことが大切です。

(本橋綾子／東京学芸大学大学院)

7 担当教材がわかる時期，指導案を書く時期

　指導案はいつ書くのですか。実習が始まる前に担当教材（範囲）が決まって，実習前に書けるのですか。それとも実習中に書くのですか。そうだとすれば，実習に入るまえにあらかじめ準備できないので，きちんと書けるか不安です。

　教育実習を行うためには，綿密な教材研究と指導案作成が必要となります。そのためにも，少しでも早く担当教材を知りたいと思うのは当然のことでしょう。しかし，教育実習は実習生の側にとってだけではなく，受け入れる側の学校にとっても重要なことであって，年間指導計画のなかにどのように組み込んでいくかを綿密に計画していくことが必要となります。そこで，ここでは実習生受け入れから実際の実習にいたるまでのプロセスを，ある学校の例をもとに示し，担当教材はどの段階でわかり，いつごろ指導案を書いていくべきかについて述べることとします。

　教育実習を行うためには，まず，実習を行いたいと思う学校（多くは出身校）に連絡をし，期限内に申し込みをすることが必要です。その場合，正式に申し込むより以前から常に連絡をとっておき，実習を希望する旨を伝えておくと，受け入れ側の学校の先生方も安心でしょうし，さまざまな面でアドバイスをもらうこともできます。

　実習生の受け入れが具体的に決定する時期や担当窓口は，学校ごとに異なりますが，この学校の場合，各学科がそれぞれ実習生受け入れの担当窓口となり，実習の前年度末，年間指導計画が決定するときに受け入れについても同時に決定します。この場合，教務主任が実習生受け入れに関して全体的なとりまとめ役となります。実習生の受け入れ人数は，基本的には，専任教員一人に対して実習生一人（ないし二人）の割合となります。年度の変わり目で，担当者が突然異動する場合もありますが，実習生受け入れについては前任者からそのまま新任者に引き継がれます。

　実習の期間は，だいたい6月の1学期中間試験の後と9月の2学期中間試験の前の2度，それぞれ3週間です。

実習生の受け入れが正式に決定したのち，実習の約3ヵ月前に実習打ち合わせが組まれます。このときに担当する一定の範囲（単元）の教材が発表されます。したがって，実習の約3ヵ月前には担当教材がわかることになり，そこから教材研究と指導案づくりが始まることとなります。実習が始まるまで担当教材がわからないということは，決してありません。その点は安心してください。

　教育実習は，すでに述べたように年間指導計画にそって計画されます。そして授業時間を確保するために，実習生によって行われた授業は原則的にやり直しをしません。逆にいうと，実習生はやり直しの必要がないような授業を行うことが求められるのです。そのために，実習までの数ヵ月間，教材研究と指導案作成に関して担当教員から徹底的に指導を受け，書き直しを繰り返して完成形に近づけることが必要不可欠です。そして，その作業のなかで自分なりの授業イメージをシミュレーションしていくのです。そうすることによって，実習生といえども，生徒の前では一人の教員であるという意識をもつようになっていきます。

　基本的に，実習ではある一定の範囲の教材を使って授業を担当することになります。1時間ごとにまったく脈絡のない実習をすることはありません。そして，教材研究や指導案の作成については，より具体的な実習の担当箇所が決まってからも（質問31参照），また実習中にも常に担当教員からの指導を受けます。まず授業実習の前に，教材研究や授業についての指導を受け，授業後に担当教員とともにその授業についての反省を行い，指導を受けます。そしてその指導をもとに，さらなる教材研究や指導案の作成といった授業の準備をして，次の授業実習に臨むことになります。指導教員によっては，同一教材で同一内容の授業を複数のクラスで担当させることがあります。そうした場合，あるクラスでの実習の後，教材研究や授業の進め方等について担当教員からの指導を受けて指導案に修正を加え，次のクラスで実習を行うということになります。そうすれば，実習の成果をより深めることになるでしょう。

　いずれにせよ，担当教材は実習前に提示されるので，教材研究と指導案作成の時間は十分あります。したがって，入念な準備をするようにしましょう。

（谷脇由季子）

8 教員採用試験を受けないのに，教育実習をしてもよいか

教育実習は受け入れ校にとって相当負担だと聞いています。私は教員採用試験を受けるつもりはないのに，このまま教育実習をしてしまっていいのでしょうか。担当の先生が知られたらあまりいい気はしないでしょうし，指導もいい加減なものになるという先輩もいます。もちろんベストを尽くすつもりですが，非難されそうな気がして心配です。

　実習を受けようと思っている学生諸君のなかでこの心配を抱く人は少なくないと思います。いろいろなレベルの問題が一緒に質問されていますから，順に考えていきましょう。

　まず，先輩の話，つまり実習動機によって指導担当の先生の扱い方が変わるという点ですが，その話が体験に基づくものだったら，先輩は不幸な例外に遭遇したといっていいでしょう。もちろん一般論としては，自分の担当した実習生が採用試験を受けて本気で教師になる意志があるかどうかに関心をもたない先生はおられません。しかし，実習生にその意志がなかったり，あまり強くなかったりしても，そのことで指導をいい加減にすますという例は，まずありません。指導担当の先生方の熱意を引き出すのは，実習動機よりも，むしろ実習を受けているあなた自身の熱意と努力です。「ベストを尽くすつもりです」という実習生の決意こそ，この質問への最高の答えです。

　もう一つは，一般に受け入れ校はどのような動機で実習生を引き受けるのか，という問題です。大学からの要請，教育委員会での申し合わせ，学校同士の話し合いなど経過はさまざまですが，私の知っているかぎり，共通の動機があるように思います。それは，その学校の教職員の方たちが，幾週間かの実習機会の提供を通じて少しでも多くの優れた人材が教育界に入るようになることをめざしておられる，ということです。つまり，広い意味での後継者養成への参加ということが，実習生受け入れの最大公約数的な動機です。

　その趣旨からすれば，実習校の教職員はすべて，実習生の全員が教職をめざし君のいう採用試験の受験者になることを望んでおられるといってよいでしょう。

しかし，実習校の先生方はまた，教育実習を受けた学生諸君が全員教職希望者ではない，ということについても，潜在的あるいは顕在的に理解しておられます。この理解は，今の教員養成制度それ自身の性格が，閉鎖的なものではなく開放的なものであることへの理解でもあります。

　教職の講義でも聞いたでしょうが，現在の教員免許状授与のしくみ（教員免許制度）は，一定の認可を受けた大学・学部の教職単位を取れば，その大学・学部が教育大学や教育学部でなくても，卒業生は免許状の発行を申請できるという制度になっています。これは「開放制教員養成制度」ともいわれます。第二次世界大戦下までの日本では，教員免許状は師範学校や高等師範学校，特定の私学などの卒業生に限定して授与されていました。それ以外の学校の卒業生にも与えられる道はあったのですがその道は狭く，またそのようにして資格を取った教師は教育界の「本流」ではない，という考え方も濃厚にあったのです。このような免許制度が日本の教育を誤らせたという歴史的反省に基づいて，現在の制度が採用されたのでした。

　この制度のもとでは，当然のことですが教職につかない免許状取得者がたくさん生み出されます。いいかえると，教員の需給のバランスがたいへん取りにくく，つねに供給が需要を上回っている状態をつくり出す制度だといえます。戦後もずっとそのことを問題にする意見が出されてきました。しかし，教員免許状に必要な単位を出す課程が特定の大学にしかおかれないことは，大学そのものの差別につながるだけでなく，教育にとって最も必要な教師の個性を失わせ，教養をせばめることにもつながります。現在でも，厳重な審査を経たうえで，多くの大学が教職課程をおき，基本的には戦後以来の精神を生かして運営されています。

　実習校の先生方が，「実習生全員が教職につくのではない」ということを理解しておられるのは，この制度に対する理解であるといってよいでしょう。この制度の精神を理解したうえで，しかもよき後継者がその制度から育ってくることを期待しておられる，そういう意味の理解です。正確にいえば，「覚悟」といっていいかもしれません。

　実習生の側に望みたいのは，この期待や「覚悟」を裏切ってほしくないとい

うことです。あなたもわかっているとおり，実習指導はたいへんな手間と負担のかかる事業です。しかも，各学校が実習校を引き受けるか否かについては，今のところなんら法制上の規定はありません。大学と行政機関・学校の協議に基づく，実習校側の好意，大学と学校がもつ使命感，それらだけが，教育実習の実現にいたる唯一のかけ橋です。この事業を生かすか殺すかは，実習生の熱意や努力が負っているといっても過言ではないでしょう。

　ある学校に行った実習生が「実習を通じて感激しました。採用試験を受けて絶対教職につきます」と宣言し，それを聞いて感激した指導の先生方は，熱心に指導されただけでなく，実習後も受験指導など何くれとなく応援・助言をしてくださったそうです。ところがやがて秋になると，本人はさっさと超大企業に就職してしまいました。先生方が唖然とし，また憤慨されたことはいうまでもありません。これは実習の心得というより，人間としての信義に反する功利追求の悪例ですが，こうしたトリックを生んだ原因の一つが，「採用試験を受けない実習生は冷遇されるのではないか」という思いこみにあるとすれば，それもまた不幸なことです。実習校の先生方の理解に甘えず，またそれを裏切らず，誠実に実習生活を送るよう努めてください。

　最後に一つ。あなたはいま，教職にはつかない，と決めているようですが，それもまた一つの思いこみに過ぎないのかもしれません。実習期間中に接した先生の人柄や情熱，生徒たちの躍動する姿やあなたに示してくれる友情，そうした感動の体験のなかで，思いがけず教職を希望することになった例はたくさんあります。教育実習は，あなた自身の人生選択にかかわる体験の一つになることだけはまちがいないでしょう。のびのびと，誠実に，準備をしてください。

（寺﨑昌男）

9 教育実習の具体的内容と流れ

一日の実習の流れも含めて，実習生は実習期間に実際にどのようなことをするのか，具体的に教えてください。

　実習は指導教諭のもとで，教科の授業と学級の指導を中心に学校の現場で実習を行い，教師の仕事の実際を学びます。

　実習にあたっては，まず，教職員と全校生徒への紹介があります。実習生もあいさつを述べ，実習がスタートします。指導教諭，配属学級も発表されます。また，実習生の控室なども明らかにされ，実習校での身分や所属が認められ，学校の一員としての落ち着きが得られます。生徒へのあいさつは，待ち受けていた生徒たちへの最初の出会いの一言であり，生徒とのふれ合いの第一歩となるでしょう。実習は，実習校の年間教育計画のなかで，一定期間，直接生徒の指導の実習をさせてもらうわけですから，その学校の教育方針や運営組織，生徒指導の取り組みなどについて知ったうえで実習に臨む必要があります。実習のはじめの時期に，校長，副校長（教頭），教務，生活指導などの先生方から，指導があるのが普通です。

　実習が始まると，指導教諭の指導のもとに，教科や学級での実習に取りかかります。授業は，参観，授業実習，研究授業と行い，進めていきます。初日から授業実習といわれるケースもありますが，第１週は参観が中心でその間に指導案の作成の指導を受け，週半ばから週末にかけてのころから授業実習を始めるというケースが多いようです。

　研究授業は何回もの授業実習を重ねたあと，最後の週の木，金曜日のころに行われることが多いものです。多くの先生方や実習生同士もお互いに参観できるように，研究授業が重ならないよう時間の調整をしてくれるものです。大学からの訪問指導が予定されている場合には，できるだけ研究授業に合わせて訪問していただけるよう連絡をとっておくことが必要です。

　実習の期間内には，授業や毎日の学級の指導のほかに，合唱コンクールや球技大会などの行事が入ってきたり，教職員の研修会が予定されていたりすることもあります。そのような場合には，実習生担当の先生からの指示がある場合

でも，指導教諭とは常に連絡をとったうえで実習にあたることが大切です。指導教諭は，実習期間内の全体計画に従い，実習生の力量を見て日程を組み，実習を進めてくれているものです。

　指導教諭からは，毎日の実習場面ごとに指導助言を受けていくわけです。指導教諭以外の先生方からの指導を受ける機会もあります。とくに研究授業の後は，参観してくれた先生方を訪ねてお礼を述べ，講評をしていただくことが大切です。研究授業の後や実習の終了にあたって，教科や全員の先生方に呼びかけての実習生のための反省会がもたれるものです。実習の仕上げができるよう実習生で会場の準備を整え，指導を受けることです。

　一日の実習の流れについて，都内のある中学校の例でみてみましょう。

　㋐出勤，出勤簿に押印，㋑担当教室の巡視，㋒職員朝会に出席，㋓担任の指示を受ける，㋔朝の学級指導，㋕担任教諭への報告，㋖午前の実習，研修，㋗給食指導，㋘午後の実習，研修，㋙担任教諭と連絡をとって帰りの学級指導，㋚清掃指導，㋛学級の事務処理（日直日誌の点検指導，教室の点検など），㋜実習日誌を指導教諭に提出（一日の報告，反省をし指導を受ける），㋝退勤。

　この日程に生徒の一日の活動を重ね，生徒理解や生徒指導に取り組むことです。生徒の登校に合わせて教室へ行き，元気なあいさつで生徒を迎えます。一日も早く生徒の氏名を呼んで声をかけることが生徒との結びつきの第一歩となっていくものです。休み時間や放課後も積極的に生徒のなかに入っていく心がけがほしいものです。部活動などにも参加すると，教室とはちがった生徒の姿に接することができ，生徒理解や生徒との結びつけを深めることができます。

　このように，生徒とのふれ合いを密にしていくためには，教材研究はどうしても勤務時間外にもち込まれることが多くなります。実習前からこのことを考えて準備を進めておくことも必要なわけです。実習日誌は毎日提出するものですから，その日の勤務時間内に記入する必要があります。そのための工夫，努力がその人の力量であるともいえます。

　実習の最終日は，教職員へのお礼のあいさつをします。配属学級で別れを惜しむ生徒たちのまなざしや指導教諭のはげましの言葉は胸に強く刻まれ，教職への意欲をいっそう高めてくれるでしょう。

(小林義彦)

10 実習校における実習生の位置づけ

実習生は先生方からどう見られているのでしょうか。「朝学校に着いたら，先生方のお茶をいれ，机を拭くのも実習生の仕事だ！」ということを聞いたことがあるのですが，本当でしょうか。

実習校，つまり大学の授業科目「教育実習」の実施場所における実習生，つまり実習を行う学生の位置づけについては，大学の「学生」という位置づけです。教員免許状もまだ取得途中であり，教員採用試験にもまだ合格しているわけではありませんから，実習校に「教諭」として採用されているわけでもなく，狭義の教師ではありません。

実習生は先生方からどう見られているのかというと，指導を担当する教諭の先生からは指導対象の学生と見られています。教育実習の指導を直接担当しない先生方からは，大学から教育実習のために学校に来た学生と見られます。その際，教育実習の内容が教諭の日常の業務のうち，児童生徒を指導する業務と重複するため，将来への期待を込めて，学生は「教師」あるいは「教師のたまご」というメタファーで考えられていることもあります。そのため，実習校では，「児童生徒には実習生は先生として見られている。」という表現で実習生に注意喚起することも多々あります。もちろん児童生徒でも教諭と学生の区別はつきます。

「先生」という言葉を教室では通常「教諭」という意味で使用しますが，広義に解釈し「先生」を，自分より先に生まれた人，年長者，そして学問や技術・芸能を教える人という意味で使用する場合，授業科目「教育実習」で児童生徒に教科（高等学校では科目），道徳（小学校および中学校），外国語活動（小学校），特別活動などの教育課程や部活動などの課外活動を指導する学生のことを「先生」と呼びます。極端な表現ではありますが，「朝学校に着いたら，先生方のお茶をいれ，机を拭くのも実習生の仕事だ！」ということをおっしゃる実習校の先生はいるかもしれません。しかし，それは，学生にお茶と掃除を要求しているのではなく，心構えを語っているのだと理解することが妥当でしょう。実習生である学生は仕事つまり労働として教育実習しているわけではな

く，学生にとっては「教育実習」は教育職員免許法上の科目の学習の一環です。教諭の任務は，たとえば東京都公立学校の場合，「校長及び職員は，この規則及び他の法令等の定めるところに従い，適正にして円滑な学校の管理運営に努めなければならない。」(『東京都立学校の管理運営に関する規則』平成二〇年教委規則第四号，第二条) と示されているように，円滑な学校の管理運営です。円滑な学校の管理運営には，学校内での人間関係や生活の秩序を維持するために教育実習の指導教員と学生 (実習生) が守るべき行動様式として，とくに敬意を表す作法としての「礼儀」が必要であるということを表現したかったのだろうと理解するとよいでしょう。教員が学生に期待する内容は多様ですが，学生はそれぞれの大学で作成している教育実習の手引きを参考にして，実習校での正常な教育活動を妨げることなく，学ぶ者という立場で「教育実習」に臨んでください。

(林　尚示)

先輩からの一言

　以前は，実習生が朝から職員室の掃除をし，職員のお茶を入れて，机に配って，ということもありましたが，最近は，どうでしょう。実習先で，お茶を入れてください，と指示されたら，気持ちよくやることがいいでしょう。

　最初に副校長に指導されるのは，挨拶と身だしなみ (服装・上履き・ピアス・茶髪など) です。最近の生徒は，先生に対してかなり辛辣なことも言いますので，外見で生徒に隙を与えないようにすることがよい実習につながります。ワックスを使って髪の毛を立てていると，生徒は「ワックスは，何を使っているの？」などと聞いてきます。ここで相手のペースにはまってはいけません。

　職員室の先生方は，実習生に対して「今年はいいねえ」とか「今年はだめだねえ」とか言います。「今年はいいねえ」と言われる実習生は，元気で明るくて，学ぼうとしている実習生です。こういう実習生は，しだいに信頼され，指導教員から「朝の連絡はまかせたよ」などと言われるようになります。また，ある副校長は，「最近の実習生は，8時に来るように言ったら，8時に来る。」と嘆いていました。指示された時間よりは，早めに来てほしいものです。学校は，生徒の事件が起きると，それにかかり切りになるので，余裕をもって準備をする必要があるのです。教員の仕事は，多岐にわたります。常に仕事の優先順位を意識することも大切です。

(山田淳子／東京学芸大学大学院・東京都公立中学校教諭)

11 事務手続きについて

　教育実習にこぎつけるまでに，教育委員会や学校に，誓約書や健康診断書を提出するなど手続きをしなければなりませんでした。実習の本質とのかかわりのないようなめんどうな手続きはなぜ必要なのでしょうか。

　教育実習は，ほかの多くの授業科目と異なり，大学の講義室ではなく大学を離れて小学校，中学校，高等学校等で実施します。もちろん，教育実習の実施を特色とする教員養成大学の附属学校の場合は，大学の内部で授業科目「教育実習」を実施しているということになりますが，大学とは別の公立学校等で教育実習を実施する場合は，特別な手続きが必要になります。地方公共団体で大学の授業科目「教育実習」を実施する際の手続きとその根拠を紹介します。たとえば，「A県公立学校教育実習取扱要綱」といった名称で地方公共団体が教育実習についての大切な事柄をまとめています。もちろん要綱というのは地方公共団体が行政指導の準則として定めている内部的な規範ですから，外部には法的な拘束力はありません。しかし，地方公共団体では，学生の教育実習によって公立学校での通常の授業に支障が出ては困ってしまいます。そのため，公立学校で教育実習を実施する際には，誓約書や健康診断書の提出を義務づけている場合があります。

　公立学校で実施する場合でも，附属学校で実施する場合でも教育実習を適正に運営しなければなりません。そのため，地方公共団体によっては，公立学校で教育実習を実施することができる大学を限定している場合があります。たとえば大学のキャンパスがその地方公共団体に所在していることや，大学で教育実習の実施校を決定することがいちじるしく困難な状況にあることなどが要件となります。

　また，教育実習を受ける学生の数についての基準を設けている場合もあります。たとえば，同一期間内の受け入れは１公立学校あたり15名以内，学級やホームルームを単位として年間１学級あるいは１ホームルームあたり１名以内としていたりします。これは，公立学校の通常の授業に支障のない範囲で教育実習を実施するための基準です。

また，学生が教員免許状取得見込みで教職に就く意思のある者であることを実習資格としている場合もあります。誓約書では，たとえば「公立学校教育実習取扱要綱を遵守し」というような表現で記載されています。また，実習資格では，通常，伝染の恐れのある疾病等のある者は除くとされています。これらの内容の誓約書は直接的には大学から教育実習先の公立学校に提出されます。

　健康診断書が必要な場合，それは公立学校が学生を受け入れる際に，伝染の恐れのある疾病等のある者を除くためであり，誓約書の提出が必要なのは，たとえば「A県公立学校教育実習取扱要綱」などのような地方公共団体が行政指導の準則として定めている内部的な規範を実習先の公立学校が遵守していることを後日の証拠のために，念のため作成して保存するためです。

　まとめると，公立学校で教育実習を希望する学生にとって，教育実習実施の要件や実施の届出をし，公立学校の受け入れ基準と学生の実習資格に基づいて受け入れ先の公立学校を決めるために，誓約書や健康診断書などの書類が要綱上必要となります。つまり，教育実習にこぎつけるために必要となる，意味ある手続きです。このことは実習の本質と深くかかわっており，大学の授業科目「教育実習」を大学によっては附属学校を活用して自前で用意することが困難なため，大学と別の組織である地方公共団体の公立学校で運営してもらっているのです。最後に，教育実習の手続き例について，概要を表1にまとめておきます。

（林　尚示）

表1　教育実習の手続き例

手続き	主体等	書類，その他
実施の届出	大学等から県教育委員会へ	教育実習届出書，教育実習調書など
受け入れ校の決定手続	大学等から県教育委員会へ	教育実習依頼申請書など
受け入れ校の調整	県教育委員会	教育実習希望地区等に偏差が生じた場合調整をすることがある
実施手続（教育実習生の派遣手続き）	大学等から市町村教育委員会または県立校へ	教育実習生派遣承認申請書，誓約書，等

教員採用試験について

4年生で教育実習へ行く場合，並行して教員採用試験のことについて考えておかなければならないでしょう。教員採用試験は，ほとんどの都道府県でおおよそ5月下旬から6月上旬までで出願を締め切ります。つまり多くの場合，教育実習に行く前に出願手続きをすることになります。

この時点で迷っている人のなかには出願をためらったり，行わなかったりする人がいるようです。しかしながら，教育実習に行ってから教員になりたくなる人はかなり多く，また教員採用試験受験を教育実習受け入れの条件にしている実習校もあるほどですから，できるかぎり出願をしておいたほうがよいと思います。

勉強が不十分だからと受けない人もいるようですが，翌年講師をしながら勉強をしようとするとなかなか時間が取れず大変ですし，試験を受けることで自分のいたらなさや教職についての考えを改めて確認することもできますので，採用試験を受けることは重要な経験になると思います。願書は，教育委員会での配布や郵送，教育委員会のホームページからのダウンロードなどで入手できます。

採用試験の内容ですが，一次試験では教育心理や教育原理，教育時事などの教職教養の試験，一般教養の試験，小論文，各教科の試験などが行われます。近年は人物重視の傾向があり，一次試験で面接を取り入れる都道府県も出てきています。面接試験は5人程度で集団面接を行うところが多いようです。

2次試験は，各教科の試験と個人面接，集団討論，模擬授業などを行うところが多くなっています。自分の受ける都道府県によって試験内容が異なりますので，調べておく必要があります。教育委員会のホームページでは，多くの場合，年間をとおして内容が明示されていますので，試験を受ける予定の都道府県および政令指定都市の教育委員会のホームページをチェックしておいてください。同時に，面接などで質問される場合がありますので，各教育委員会の求める人物像を知っておくことも重要です。

教員採用試験の勉強をするにあたっては，いろいろな参考書や問題集，過去問題集などが市販されており，それらを使って行うことになりますが，それに加えてインターネットは必須です。参考書などではかなり詳しい説明が書かれていることもありますが，過去問題集などでは解答の説明が不十分で，理解が難しいことがあります。そんなときにインターネットで，問題文の説明だけではわからない内容を複数のサイトで調べると理解が広がります。また，さまざまな答申などの資料も，文部科学省のホームページを中心に多くがインターネットで入手できます。大いに利用しましょう。

一次試験に面接を取り入れるところも多くなっているので，面接の練習もしておいたほうがよいでしょう。筆者の大学でも，学生同士や教員を面接官にした面接練習を行っています。この場合，面接に慣れるという意味もあるのですが，より重要なのは，実際に面接の練習で答えてみることで，教職に対する自分の考えをまとめていくことです。たとえ練習でも，自分の考えのあいまいさに気づき，よりしっかりとした自分の考えをもてるようになります。

試験対策の勉強も面接の練習も，単に教員採用試験のためと考えるのではなく，よい教員になるために行うものと考えることで，やる気が高まって積極的に取り組めるようになるでしょうし，実際に教員として成長につながると思います。　　（杉浦　健）

第2章
実習を行う

[1] 実習をはじめる

12 緊張をほぐす方法

教壇に立つと，緊張して言葉がでなくなったり，声が小さくなったりしそうです。なにか緊張をほぐすよい方法がありますか。

誰でも緊張したという経験はもっているでしょう。では，どんなときに緊張したのでしょうか。それは，人前でなにか話をしなければならないときに，体が震え，声が出なくなるといったことですか。あるいは，受験の会場で，試験問題を見たとたん頭のなかが真っ白になってしまったという感じでしょうか。緊張した状態といっても，人前に立つといった他人とのかかわりのものもあれば，たった一人で試験問題に取り組むといったものもあります。

では，こうした緊張は，あなたにとってしょっちゅう起こることなのでしょうか。いつもの生活をしているときはもちろん緊張など感じませんし，また，普段と違ったことをしたときでも，たとえばクラスの遠足に行ったりしても緊張はしなかったと思います。でも，運動会の徒競走で自分の出番を待つときとか，クラス対抗の合唱会に出るときには，決まって緊張したのではないでしょうか。じつは，緊張した状態になるときとは，なにかよい結果を残したいといった場合に起きているのです。ですから，緊張は誰でもするし，一生懸命よい結果を出そうとしているのだと前向きにとらえるべきものなのです。とはいえ，極度の緊張によって，成果を出せなければ元も子もありません。そこで，教壇に立った場合を想定して，緊張のほぐし方を考えてみましょう。

生徒を前にして授業を行うとき，よい結果とはなんですか。それは生徒に受け入れられ，話のうまい授業展開をするといったものを漠然と考えてしまっているのではないでしょうか。でもそれができるかどうかわからない，できそうにない，といった自信のない心に支配されてしまい，よい成果が得られそうもないというときに緊張するのです。

この場合の対策としては，生徒を前にして，授業をするとき何が原因で緊張するのかを考えてみると，おのずと対策も見えてきます。

（1）生徒が怖い

知らない人と話すとき緊張するといったもので，これは，一種の対人恐怖症

でしょう。生徒との距離感がつかめないとか、受け入れてもらえないかも、というような不安が支配しているのでしょうから、実習期間のはじめのうちに打ち解けられるように進んで生徒と話をしたり、部活動の補助に参加することを勧めます。こうした活動から親しくなった生徒がいれば、あなたが教壇に立ったときにその生徒の顔を見るだけで落ち着けるでしょう。

（2）授業で話すことが出てこない

その授業で何を話せばいいのかわからなくなるときがあるものです。たとえば、社会科で封建制度を説明しようと思っても、教科書に書かれている説明以上のことは話せず、教壇で立ち往生してしまうようなものです。これは、明らかに予習の不足から起きたものであり、まずは教材研究をしっかりすることが肝要です。「この科目についてはなんでも聞いて」と生徒に言えるぐらいになれば、教壇での立ち往生はなくなるでしょう。

（3）話のリズムがつくれない

授業を展開するとき、話す内容はあるのですが、でもやっぱり緊張して、予習してきたことをひたすら話して終わってしまう。そんな授業も存在します。これは、生徒の反応を見る余裕がなく、自分だけの時間をつくってしまっているのです。授業中、生徒はどんなことに興味を示し、逆に退屈を感じているのか、実習期間中、積極的に授業参観してみましょう。ベテランの先生方は生徒と対話するような感じで授業されているのに気づくはずです。生徒の特徴を知れば、自然と緊張もほぐれるものです。

（4）見学者が気になる

研究授業をするときなど、多くの見学者がやってきます。せっかく授業実習にも慣れてきたのに、研究授業のときは、緊張してまったくだめだった、という話も聞きます。これは、いつもとちがう雰囲気と、もう一つは評価されているといったことからくる緊張でしょう。ここでは、普段の教壇実習を思い出してみましょう。とくに親しくなってきた生徒に対して質問を投げかけるなどして和んだ雰囲気をつくることです。

どのようなケースでも、自信をもって臨むことが緊張に打ち勝つことにつながります。

(吉村日出東)

13 話べたが気になる

私は話べたで，自分の思っていることや知っていることをうまく表現できず，スムーズに生徒に伝わらないような気がします。これを改善するコツはないでしょうか。

　話べたとはなんでしょうか。あなたはどのような人が話じょうずととらえているのでしょうか。流暢に話ができ，時にウイットの効いた話術の巧みな話をする人が話じょうずで，そうしたものと比べて見劣りのしたものが話べたなのでしょうか。

　かつての総理大臣に，言語明瞭，意味不明瞭といわれた方がありました。国会の答弁で明瞭な言葉を話されるのですが，本題に関することや，言質をとられそうなことはお話にはならないといったものでした。いっぽうで，「あー，うー」としか話さないと呼ばれた方もおりました。言葉と言葉の語尾を延ばし，間投詞として「あー，うー」と挿んだ話し方をなさる方でした。ただしこちらは速記を起こすと大変明確なことを述べていたといった方でした。また，近年ではワンフレーズ政治と呼ばれた方もありました。短い言葉で，結論を述べ，説明を除いてしまうというものでした。

　この三人の総理大臣の話を比較して考えてみると，人前で話すことの意義は何かといったことが理解できます。最初の方は，言葉を明瞭に話され聴いているほうもその場その場では理解できるのですが，結局何を言っていたのかわからないというものです。次の方は，話すべきことを明確にして内容のある話をされているはずなのに，聞いているほうは間投詞しか記憶に残っていないものです。最後の方は，結論を述べるのですが，どうしてそうなのか，途中の説明は一切省いてしまい，聞いているほうは，なんとなく結論だけで納得させられてしまうというものです。このような話し方で授業を行ったらどうなるでしょう。最後の方の授業では，結論にいたる道筋が省かれているため，授業の理解が深まらずに終わってしまうでしょう。また，最初の方のでは，おもしろい話は聞けたが，今日はなんの話だったのだろうといった授業になりませんか。2番目の方のは，せっかくよい内容をもったものなのに慎重すぎる話しぶりのた

め聞いてもらえなかったといったものでしょうか。

　そもそも一般的な授業では，あるテーマについて課題を明確に提示し，その課題について生徒に考えさせ，問題点を整理しながら説明し結論に導いていくものでしょう。そのためには，内容を明確に伝えることができなければなりません。であるならば，授業で話すためには，中身が伴わなくてはならないはずです。そして伝えるためには，はっきりとしたことばを話すことです。そこでは，テレビタレントのような軽快で洒脱な話し方は必要ありません。人によっては教師とは明るい性格で流麗な雰囲気のほうがよいという方もあります。しかし，朴訥とした人柄で，鈍牛のような言葉を抑えたように話す先生も味のある先生として慕われています。

　教師が生徒を前にして話すことはいったいなんのためなのか，それを考えてみれば，ウイットに富んだ巧みな話術が必要だなどとはいえないでしょう。

　ただし，内容の理解を助けるためには，一本調子で退屈な授業に陥ることは避けなければなりません。そのためには閑話休題といった変化をもたせることもまた必要です。しかし，これは授業のリズムとでもいう展開上の技巧であり，話し方ではありません。

（吉村日出東）

14 自分の印象に自信がもてない

> 私は，あまり，きりっとした理知的なタイプには見えないので，生徒に甘く見られるのではないかと不安です。

実習先で，自分がどのような印象を，教師あるいは生徒に対して与えるのか，ということは，とても気になることだと思います。その印象から，生徒から馬鹿にされたり，笑われたりするのではないかと，実習に行く前に大きな不安に駆られる実習生も多いことでしょう。実習生が実習に行く前に抱く不安は大別して，学習指導・授業運営などの課内活動そのものに関する不安感と，教員・実習生仲間・そして生徒といった対人関係に関する不安感の2種があると考えられます。不安の半分は対人関係，つまり自分が他者に対して与える印象によるものであろうと思われます。

先行研究によりますと，「生徒に喜ばれる実習生」の特徴として，授業面では「わかりやすく教えてくれる」「教え方がじょうず」「一生懸命に教えてくれる」「授業が楽しい」で，態度・性格では「明るい」「やさしい」「おもしろい」「一生懸命である」が上位を占めました。反対に「生徒に嫌われる実習生」の特徴としては，授業面では「声が小さい」「授業がわかりにくい」「教え方がへた」「自分一人で授業を進める」で，態度・性格では「暗い」「ひいきする」「おこりっぽい」「いばっている」であったといいます（高橋均他著『信頼しあう教師と父母』ぎょうせい，1987）。

これを見てわかりますように，これは実習生に対してのみならず，教師一般に対して生徒が思っていることとなんら変わりはありません。一読して，もっともであろうと思われますし，大学生である皆さんが大学の教師に対して思うこととも大差はないのではないでしょうか。

ここで注目したいのは，「生徒に喜ばれる実習生」の特徴のなかに，「きりっとして理知的な印象である」といったことはまったくあげられていないことだという点です。生徒は基本的に，教師や実習生の印象いかんで，教師や実習生を甘く見たりはしない，ということを，最初に自覚しておきましょう。

生徒は，あくまで，実習生の授業の展開や，その性格や人柄を見て，総合的

に実習生に対する印象をつくっていきます。生徒に対して，「よい実習生」「魅力的な実習生」と受け入れてもらうには，上記にあげたような点に留意して，自分を表現していけばよいのです。換言すれば，学生の自分自身が，現在「この先生は素敵」と思っている大学の先生や，過去に好きだった先生を思い起こし，その先生のどういった点が自分は好きなのかについて改めて考え，その教師像を自ら追い求めるようにするとよいのではないでしょうか。

　生徒は，教師や実習生の本質を見てきます。授業指導の教材研究や授業運営に一生懸命に取り組んでいる教師や実習生，生徒との心の底からの交流に努めている教師や実習生，えこひいきをせずにどの生徒に対しても，教師としての愛情に満ちた真摯な態度で接する教師や実習生を，生徒は見抜くものです。そのためには，実習に行く前に大学で十分な教材研究や指導法についての学習や模擬授業体験を積んでおくことが必要です。きちんとした準備学習は，よい意味での自信（自分を信じる心）を実習生自身のなかに形成し，ひいてはそれが授業実習でのゆとりや落ち着きを生み出し，生徒に好感をもたれ尊敬される実習生となりうる重要な要因となるのです。

　こういった本質的なことをふまえたうえで，自分でできる試みには積極的に取り組むようにしましょう。それには，実習前の「つけ焼き刃」ではいけません。教師を志して大学に入ったときから，あるいは実習が具体化したときから時間をかけて，教師にふさわしい自分をつくっていく努力をしましょう。まずは自分の表情のクセを自分で十分に研究し，気持ちのよい笑顔が示せるようにすること。これには無論，心の底から快適に生きることが不可欠ではありますが，少なくとも笑顔の少ない陰気な表情は好ましくありません。笑顔は「あなたを受け入れます」という，言葉のないメッセージです。はっきりと大きな声で，正しい日本語を話す習慣を普段から身につけること。いかめしかったり，必要以上に丁寧な言葉を使う必要はありませんが，実習生も，教育的立場にある年長者にふさわしい言葉を使わなければなりません。それから，大学での学習過程において，これだけは他人には負けないといえるなにかの専門的な知識を習得しておくことも，よい意味での自信をつける手立てとなります。ひいてはその自信が，理知的な印象を醸し出す要因ともなりうるのです。　　　　（永井理恵子）

15 実習生としてのあいさつ・自己紹介

　教育実習に行くと朝礼やホームルームであいさつや自己紹介をしなければいけないと聞きました。どのようなあいさつや自己紹介がよいのでしょうか。

　実習に行くと，さまざまな場で，あいさつや自己紹介をしなければなりません。広い意味でいうならば，実習校に電話をかけるときからあいさつ・自己紹介は始まり，実習開始の前に教員室で教師たちへのあいさつ・自己紹介をし，それから全校生徒に向けてのあいさつ・自己紹介，配属される学級全体に向けてのあいさつ・自己紹介にいたります。

　自己紹介は，相手に対して第一印象を与える，非常に重要な機会であります。そうであるからこそ，そこでどのようなあいさつ・自己紹介をすればよいのか，とても悩むのは自然なことです。誰でも初対面の相手に自分を紹介するのは，勇気がいるのにちがいはありません。

　まず，どのような相手に対するあいさつ・自己紹介でも，最低限，実習生として守らなければならない点があります。それは，言葉遣い，話し方，態度，見た目の印象です。

　言葉遣いについては，学生特有の話し方や，体育会系の単語や，若者が使うスラングは，使用しないこと。朝ではないのに「おはようございます」ということも，教育現場では不適切です。「私はぁ～，○○でぇ～，」といった語尾あがりの話し方，自分のことを「自分は」「あたしは」「うちは」などの呼称で呼ぶことなども避けなければなりません。実習前になって突然に練習しても自然に使えるようにはなりませんから，普段から練習しておくことが大切です。話し方の基本は，NHKテレビのアナウンサーの話し方を参考にしましょう。

　話し方については，適正な音量や発語を考えましょう。マイクを使うか使わないか，全校生徒に話すのか学級に話すのか，こういった点も留意しませんと，「モゴモゴ言っていて何を言っているのか聞こえない」「無駄に声が大きい」といったことになります。滑舌よくハッキリと話しましょう。

　態度や見た目の印象は，自分でつくれるものです。背筋を伸ばして立ち，ピ

シッとあいさつすること。服装の基本はスーツですが，生徒の前に出る際には，学校の指導を受けてください。スーツ着用を求める実習校もあれば，ジャージなどの着用を推奨する実習校もあり千差万別です。大切なことは，どうすればよいかを指導教員に事前にたずねておくことです。

　髪型や化粧の印象も非常に重要です。現在の流行である，長い前髪が顔の前に被さる髪型，櫛目のとおっていない髪型，長い髪を結わえたりピンで止めたりしていない髪型は，第一印象を悪くします。化粧の可否は実習校によって異なりますから，学校の指示に従うことが重要です。濃すぎる化粧は論外であるのはいうまでもありませんが，反対に，低血圧や貧血や寝不足などが一目瞭然な，悪い顔色そのままのノーメイクも，望ましくない場合もあります。

　こういった各点を考慮したうえで，あいさつ・自己紹介の中身も十分に検討しなければなりません。「皆さん，こんにちは。私は〜〜といいます」という最初のあいさつを正しくすることは，必要です。これに続けて，生徒に対するあいさつの場合には，実習中に自分をなんと呼んでほしいかを伝えましょう。「〜〜先生と呼んでください」など。実習校によっては「先生」と呼ばせない学校もありますから，これも事前に指導教員と相談しておくこと。その先は，教職員に対するあいさつ・自己紹介と，生徒に対するそれらとは，内容が異なってきますが，いずれの場合も，自分の抱負を簡潔に述べます。いくつも並べる必要はないので，「実習中，短い期間ではありますが，〜〜な実習ができるようにがんばりたいと思います」といったことを話しましょう。さらに話す時間がもらえる場合には，自分らしさを伝える内容を一つ，入れましょう。自分が好きな教科や趣味，部活や習い事，文化や知識など，対象者の年齢に合わせた内容と言葉表現を用いて，自分をアピールします。生徒が実習生に対して親しみを感じてくれるかどうかは，ここにかかっているともいえます。

　上記の点をすべて考えたうえで，あとは明るい笑顔であいさつ・自己紹介します。話す相手，全体に目を配りながら，一人ひとりに語りかけるつもりで話してください。多少の言いまちがいはあっても，必要とあれば訂正してもかまいません。落ち着いて，ゆっくりとあいさつしてください。

（永井理恵子）

16 教員の職務について

学校にはさまざまな校務分掌があると聞いています。教育実習生としてどの程度それらのことを知っておくべきでしょうか。

教員の職務について学ぶことが教育実習の主たるねらいですが，教員の職務のどの範囲までを指導するかということは大学や実習先の学校の判断によります。学校にはさまざまな校務分掌があります。教育実習を受ける学生としてどの程度それらのことを知っておくべきかということは，教育実習の目的，方法，結果，評価を各大学がどのように判断しているかによります。このことは，各大学で教育実習の前に実施される事前指導あるいは実習先の学校で行われるオリエンテーションで紹介されることになります。校務分掌を知ることが教育実習の目的になっており，副校長や主任の先生が指導し，指導の結果，校務分掌についての知識の有無が評価される仕組みになっていれば，知識として知っておくべきです。さらに，校務分掌の一部を補助的に教育実習中の学生が担うような場合は，校務分掌についての知識に加えて分掌した校務を遂行する技能も評価対象になります。

校務分掌とは校務を分掌することですが，校務とは学校事務であり分掌とは事務を手分けして受けもつことです。なお，学校で校務をつかさどるのは校長で，「校長は，校務をつかさどり，所属職員を監督する。」(『学校教育法』第37条4) と規定されています。そのため，校務を取り扱い，校務を管理下におく役目は校長の役割です。しかし，校長が一人で校務を取り扱うことはできませんので，校長の管理下で校長以外の職員も手分けして校務を受けもちます。このことを校務分掌といいます。

学校内で校務をつかさどるさまざまな教職員について説明してみます。副校長（教頭），主幹教諭，主任等について紹介してみましょう。

副校長の校務は，「所属職員の服務に関する事務の一部とし，その範囲は，委員会が別に定める」(『東京都立学校の管理運営に関する規則』平成20年教委規則第4号，第8条4) とされており，副校長は職員の服務に関する事務を行っています。

主幹教諭については、「校長及び副校長を助け、命を受けて校務の一部を整理し、並びに生徒の教育をつかさどる」（『東京都立学校の管理運営に関する規則』、平成20年教委規則第4号、第10条2の2）とされており、さらに、「担当する校務について、所属職員を監督する。」（『東京都立学校の管理運営に関する規則』平成20年教委規則第4号、第10条2の3）ともされています。そのため、主幹教諭は校務の整理、生徒の教育、所属職員の監督を行っています。

　主任については、「前条に規定する主任は、次の各号に掲げる主任ごとに、当該各号に定める事項について企画立案及び連絡調整に当たり、必要に応じて指導、助言を行うものとする。」（『東京都立学校の管理運営に関する規則』平成20年教委規則第4号、第10条5）とされ教務主任、生活指導主任（学校教育法施行規則の生徒指導主事に該当）、進路指導主任（学校教育法施行規則の進路指導主事に該当）、保健主任（学校教育法施行規則の保健主事に該当）、学年主任について規定し、専門教育を主とする学科をおく学校には、さらに学科主任、農場主任（学校教育法施行規則の農場長に該当）についても規定しています。

　教務主任は教務に関する事項を取り扱い、生活指導主任は生活指導に関する事項を取り扱い、進路指導主任は進路指導に関する事項を取り扱い、保健主任は保健に関する事項を取り扱い、学年主任は学年の教育活動に関する事項を取り扱い、学科主任は学科の教育活動に関する事項を取り扱い、農場主任は農場の教育活動に関する事項を取り扱います。そのほか、事務職員等にも、校務が分掌されています。

　教育実習を行う学校は、校長が学校事務の管理を行い、職員の校務分掌によって運営される仕組みです。

　そのため、教育実習中の学生が校務分掌について得た知識や技能は長期的には、教員採用試験に合格し、将来校長に任用された際にきっと役立つことでしょう。より短期的には、学生や教師が学校事務の管理体制を知ることによって、学生や教師の個人的視点からの思考に加えて、学校単位での組織的思考をすることができるようになります。

　教育実習では、実習先の学校の方針により、副校長から学校経営に関連して校務分掌の講話があったり、生活指導について生活指導主任（生徒指導主事）

から講話があったり，あるいは，あるいは保健主任（保健主事）から学校保健についての講話があったりします。このような講話は，校務分掌のなかで教育実習での指導効果を高めるために行われています。

　校務分掌は図で表され，職員室等教師が確認しやすい場所に掲示されているケースも多いのですが，学校の方針によっては，学校の職員がわかっていれば学生や生徒に知らせる必要はないという場合もあるかもしれません。そのため，教育実習では，指導教諭は校務分掌のうち教育実習の効果を高めるために必要な校務分掌の情報のみを知識として伝達することになります。そのため，「学校にはさまざまな校務分掌があると聞いています。教育実習生としてどの程度それらのことを知っておくべきでしょうか。」という問いについては，学校では校務をつかさどる校長のもとでさまざまな校務が分掌されていると考えてください。そして，指導教諭から提供される校務分掌に関する情報についてはしっかりと把握してください。しかし，先生方には業務上の秘密を守る義務，つまり守秘義務もありますから，学生は教育実習で伝達を必要としない情報については詳細に知る必要はありません。

（林　尚示）

先輩からの一言

　教員の1日の仕事は，生徒とかかわる仕事として，朝読書，朝の学活，授業，給食，清掃，帰りの学活があります。中学校では，放課後に部活動があります。部活によっては，朝練習もあります。担任は，連絡なしに欠席の生徒がいた場合や，早退の生徒がいた場合は，保護者との連絡が必要になります。生徒がトラブルを起こすと，生徒指導をする必要があり，内容によっては，保護者との連絡が必要になることもあります。怪我をしたら，養護教諭が行けないときは，病院に連れて行くこともあります。この場合も保護者との連絡が必要になります。このような仕事以外に，校務分掌があります。時間割をつくる先生がいたり，避難訓練の計画を立てる先生がいたり，給食センターと連絡をとる先生がいたり，という仕事があるわけです。

　教育実習の場合は，初日のオリエンテーションで，副校長先生か教務主任の先生から校務分掌について説明を受けます。そこでわからないことは質問しておきましょう。実習中は，教科指導（授業）と学級指導（学活）が中心になりますので，実習中に校務分掌を割り当てられることはありませんが，実習期間中に，職員室にいて，先生方の会話を聞き，動きを観察すれば，校務分掌が少しは理解できるはずです。そして，多忙であっても，はつらつと仕事をしている先生たちをしっかり見てきてください。

（山田淳子／東京学芸大学大学院・東京都公立中学校教諭）

[2] 生徒とかかわる

17 生徒の名前を覚える

　人の顔と生徒の名前をなるべく早く覚えたほうが実習がうまくいくと言われました。努力して覚えようと思いますが，何クラスも担当することになったら，覚えきれるか不安です。コツのようなものがあったら教えてください。

　誰だって，名前を覚えられるのは嬉しいものです。それだけしっかりした関係が築かれていると意識できるからです。教育実習生にとって，生徒の名前をどれだけ覚えられるかが，実習が成功するか否かを左右するといっても過言ではありません。一人でも多く覚えるのだという意気込みをもちましょう。
　名前を覚えるコツはそれなりにあります。最も基本的なことは，生徒一人ひとりの第一印象や特徴を，意識的に自分の頭に焼きつけようとすることです。「スポーツ刈りの〇〇さん」といった身体的特徴や，「赤いペンケースを持っている〇〇さん」といった持ち物，「バレー部の〇〇さん」といった部活動，「◇◇市から通ってきている〇〇さん」といった住所など，一番初めに得た情報とセットにして名前を覚えようとすることです。生徒同士で使っているあだ名を拝借するのも一つの手です。ただ，身体的特徴やあだ名は，本人がそれを気にしていたり，不快に思っていたりする場合があるので，実際に本人をそれで呼んだりすることは控えたほうがよいでしょう。
　このような生徒の特徴は，気づいたらすぐに書き留めておくことが重要です。生徒の名前が出席番号順に並んでいる名簿に書き込んでもいいのですが，もっといいのは座席表や集合写真です。許可を得てそれをコピーさせてもらいます。実習開始の少し前にコピーできれば大変よく，実習期間中に，自分が得た各生徒の特徴をどんどん書き込んでいき，オリジナルのものをつくるのです。
　つづいて，どのような場面で，生徒の特徴を得るのかということについて考えていきましょう。まずは授業中についてです。先生が話すだけの授業と，生徒が発言する機会が多い授業では，当然ながら後者のほうが，生徒の特徴をつかむ機会が多くなります。そのような授業を計画することがポイントになります。生徒を指名するときは，必ず名前を呼ぶようにしてください。たとえば，「今日は12日だから，出席番号12番の人！」と当てるのはかまいませんが，そ

こで素早く名簿を見て、「はい、12番の○○さん！」と名前を呼ぶことが大切です。「最初の授業でいい答えをした○○君」「思いもよらない意見を言った○○さん」といった記述で、座席表や集合写真が埋まっていくことでしょう。

また、授業のはじめに出席を取ったり、名前が書いてあるプリントやテストを返したりするときは、チャンスです。名簿やプリントを見て、「○○さん」と呼んで、「はい」と生徒が返事をします。そのときに、生徒と、目を合わせるようにしてください。名簿やプリントに視線をおとしたままで、名前を読み上げていくだけでは、せっかくのチャンスを逃してしまいます。

つづいて、授業以外の時間についてです。休み時間や放課後など、積極的に生徒のなかに入っていき、会話をすることが大切です。そのとき、可能な限り名前を呼びましょう。まだ覚えていない生徒に、「名前なんだっけ？」と聞くのはかまいません。その生徒は、名前を覚えてもらっていないと嫌な気分になるのではなく、意欲がある実習生と感じていい印象をもつにちがいありません。

以上が、名前を覚えるいくつかのコツですが、教える生徒すべてを一気に覚えようとするのは、さすがにむずかしいです。まずは目立つ生徒を覚えて、徐々に覚えていけばいいと思います。

最後に、私が以前勤務していた大学で、教育実習に行った学生の話を紹介しておきます。私は、彼女の研究授業を参観しました。学級担任としても実習しているクラスでの授業でしたが、授業の最初に出席確認をする際に、名簿や座席表などを一切見ずに、その生徒の方を向いて、一人ひとりの名前をまちがわずに読み上げていました。つまり、40人くらいのクラス全員の名前を、名簿順に暗記していて、教室のどこに座っているかも完璧に頭のなかに入っていたわけです。3週間にわたる教育実習の最後のほうということはありますが、実際に見ていて圧巻でした。この研究授業自体もすばらしいものであったのはもちろんなのですが、教育実習の少し後にあった教員採用試験において、彼女は見事に現役合格を果たしました。今は、若くて力のある現職教員として、活躍しています。この文章は、彼女からの意見も参考にしてまとめました。私は、名前を覚えるということは、基本でありかつ重要であると、改めて彼女から認識させられたと感じています。

（冨江英俊）

18 生徒との心理的距離のとり方

　　生徒とどの程度うちとけるべきかわかりません。あまり堅苦しいのも考えものだし，うちとけすぎて友だちのようになっても授業がやりにくくなるようだし。実習生としての自分と個人としての自分の素顔のバランスがうまく取れるか心配です。

　実習中は，自分の行動が教師としてふさわしいか，常に自己点検すると同時に，生徒の反応をよく見ることも大切です。生徒が戸惑っているような気配を感じたら，なにか不適切な言動がなかったかとふりかえったり，話題を変えたりしてみましょう。以下，生徒との適度な心理的距離を保ち，節度ある関係を築くための，具体的な注意点をいくつかあげてみます。

　（1）生徒の身体に触れることは避ける

　生徒と親しくなっても，むやみに生徒の身体に触れることは避けましょう。ポンと肩を叩く，ハイタッチするといった程度は，状況次第ではかまわないかもしれませんが，何気なくしたことでも，生徒が抵抗を感じたり不快に思ったりする場合もあります（とくに異性間では要注意です）。

　（2）生徒の家庭や家族について不用意に話題にすることは避ける

　各家庭にはさまざまな事情があります。とくに現代は家族のあり方が多様化しています。たとえば「あなたのお母さんは…」などと尋ねる場合，両親が離婚している生徒，両親と死別し祖父母やおじおばに養育されている生徒などもいることに思いを致すべきです。また，出身地・居住区域・家族の職業などを知られたくない生徒もいるかもしれません。家族に著名人がいて，そのことを学校では伏せているような場合もあります。もちろん，それらの家庭の事情によって生徒が差別されたり不利益を被ったりすることは決してあってはならず，本来はどの生徒も自分の家庭のことをオープンに話せることが理想なのかもしれませんが，さまざまな事情により，生徒自身が家庭のことにあまりふれてほしくない，そっとしておいてほしいと望んでいるのであれば，教師にはその気持ちを尊重する心配りが求められます。また，もし仮に生徒の家庭内の深刻な問題について相談され，「ほかの先生には絶対に言わないでほしい」などと頼

まれた場合，とても困ることになるでしょう。実習生という立場の限界をわきまえ，生徒のプライバシーに不用意にふみ込まないことを心がけましょう。

（3）学校関係者の「悪口」や「うわさ話」は避ける

　生徒が教師の悪口を言っている場に居合わせ，自分も在学時にその教師のことをあまりよく思っていなかったような場合，生徒の尻馬に乗り一緒になって悪口を言ってはいけません。教師が生徒の前で他の教師のことを悪く言うべきでない，というのは，子どもの前で夫婦喧嘩をすべきでないというのに似ています。教師が互いに悪口を言い合うようでは，生徒は混乱し，教師集団全体に対する信頼を失ってしまいます。また，ある生徒が他の生徒の悪口を言う場合，その生徒の「対人関係の悩み」として耳を傾けることはかまいませんが，相手の生徒の人格を傷つけるような行きすぎた表現があれば，たしなめることも必要です。生徒の悪口に軽く相づちを打っているだけでも，周囲の生徒たちは「○○先生も一緒になって悪口を言っていた」ととらえる可能性もあるので注意しましょう。

（4）自分のプライバシーについて話しすぎないようにする

　生徒に住所を教えたところ，ストーカー的な行動をとられて大変な思いをした，メールアドレスを教えたところ，知らぬ間に出会い系サイトに登録され大量の怪しげなメールが押し寄せてきた，といったケースも耳にします。住所やメールアドレスなどの個人情報は，生徒には教えないようにしましょう。「彼氏（彼女）いる？」といった質問もよく受けると思いますが，ごくあっさりと答えておくのがよいでしょう。生徒の質問攻めをかわしたいときには，笑顔で「内緒」「秘密」「個人情報だからダメ」などと答えるのも手だと思います。

（5）生徒の「好きなもの」「興味のあること」を話題にする

　生徒と個人的に話す際，比較的無難なのは，好きな教科・得意なスポーツ・よくみるテレビ番組・よく聴く音楽など，「好きなもの」「興味のあること」に関する話題です。これらは生徒との相互理解を深めるのに役立ち，何より楽しく話し合うことができますので，お勧めしたいと思います。

（酒井恵子）

19 生徒に好かれる教師とは

いざ実習に行くとなったら，自分が生徒に好かれるかどうか，大変心配になってきました。一番のポイントはなんでしょうか。

　生徒に好かれる教師とは，一般的にいえば，授業がわかりやすくておもしろく，生徒に対する愛情と理解が深く，厳しさと優しさのバランスが取れた先生，といったところでしょうか。
　生徒に好かれる教師像は，生徒の年代によっても異なります。小学生のころは，父親や母親のような暖かい愛情を平等に注いでくれ，一緒に楽しく遊んでくれる一方，悪いことはぴしりと叱ってくれるような先生。中学生のころは，生徒一人ひとりをよく見ていて，生徒の行動や表情のちょっとした変化にもよく気づいて声をかけてくれ，生徒の話にじっくりと耳を傾け，本気で心配したり怒ったりしてくれ，生徒と真剣に向き合ってくれる先生。高校生のころは，授業がうまい・専門知識が豊富・雑談がおもしろい・一芸に秀でているなど，尊敬できるものをもった先生や，生徒を一人前に扱い，生徒の意見を尊重し信頼して任せてくれる先生，などが「好かれる教師像」の一例としてあげられると思います。
　しかしこれらの教師像は，そうなりたいと願って一朝一夕になれるものではありません。実習生の立場であればなおさらです。それでは，どうしたらよいのでしょうか。
　そもそも，実習生はなぜ生徒に好かれたいと思うのでしょうか。人間なら誰しも，ほかの人から好かれたいと思うことは自然ですが，とりわけ青年期は，自分に対する他者の評価が気になり自意識過剰になりがちな時期です。とくに教育実習は，自分の教師としての資質が試され評価される場でもあり，生徒たちが教師としての自分を好意的に受け入れてくれるかどうか，実習生としては大いに気になることでしょう。
　生徒に嫌われないか，授業をちゃんと聞いてもらえるかと不安で，授業中まともに生徒たちの顔も見られないほど緊張してしまうような場合は，まず，勇気を出して教室中を広く見わたして，自分のほうをよく見て関心を向けてくれ

ている生徒の顔を探しましょう。そして、その生徒を指名したり、休み時間に話しかけたりしてみましょう。少数でも親しみのもてる生徒がいると、授業もずっとやりやすくなるものです。

　教師が生徒から好意をもたれ、教師と生徒との間によい人間関係が成り立っていることは、教科指導や生徒指導を行うための土台として、もちろん重要です。しかしその一方で、生徒の成長を願い生徒の将来を想って、ときにはあえて試練を与えたり、厳しく叱責したりすることも教師の務めであり、必要とあらば生徒に嫌われてもかまわない、あえて憎まれ役を買って出ることも辞さないという覚悟も必要になります。

　実習生の皆さんには、生徒に好かれることよりも、まず、自分の言動が「生徒のためになるか、ならないか」を考えてほしいと思います。

　「生徒のため」を考えるならば、まず、少しでもわかりやすく興味のもてる授業をし、自分の担当した単元で生徒がつまずくことのないよう、教材研究を入念に行うべきです。また、教科指導以外では、年齢の近い先輩として、自分自身の高校時代や大学生活の話などをすることも、生徒たちの参考になり役立つことでしょう。

　さらに、生徒一人ひとりのもつ長所を見つけてほめることも、「生徒のため」になります。まずは生徒の名前を覚え、それぞれの個性を理解する努力をしましょう。授業中の生徒の発言や質問に対しては、「なるほどよいアイディアだね」「おもしろい質問だね」などと大いにほめましょう。休み時間や放課後なども、生徒たちと雑談をしたり、課外活動に一緒に参加したりするなかで、「そんなこともできちゃうんだ、すごいね」「そういう考え方ができるって偉いよね」などと、率直な賛辞を贈りましょう。ただし、お世辞を言う必要はありません。この生徒のここがよいなと思ったときに、素直にそれを口にすればよいのです。ほめられることを通じて、生徒は自分の長所に気づき、自分を肯定的にとらえられるようになり、自己理解を深めることができます。

　まずはあなた自身が生徒を好きになること。そして、生徒たちの役に立てるよう、精一杯努力すること。その結果、自然と生徒たちからも好かれ、よい関係を築くことができるのではないでしょうか。

（酒井恵子）

20 生徒からプライベートな相談を受けたら

生徒から受験やプライベートなことなど大切な相談を受けたら，どのような対応をしたらよいでしょうか。

教育実習では，教育実習生はできるだけ早く生徒と関係をつくりたいと考えるでしょう。生徒のほうも，この「新しい教師」に対して興味津々です。生徒との関係ができてくると，生徒からプライベートな相談を受けることがあります。たとえば，以下のような相談です。仮に，教育実習生をA先生とします。

① 「大学に進学しようかどうか迷っているんだけど，A先生はどう思う？」
② 「好きな人がいるの。A先生は中学のとき好きな人いた？」
③ 「クラスがまとめらない。男子は勝手なことしているし，女子もグループが二つに分かれてお互い険悪になっている。A先生，どうしたらいい？」
④ 「部活の先輩がいばり散らしていてむかつく。いくら練習しても，『気合いが足りない』と言って，後輩をしごく。今度，ぶん殴ってやろうか。」
⑤ 「うちの両親はいつもけんかばかりしている。私はそれでいつも板挟みになって，とても辛い。担任の先生には話していないけど，A先生ならわかってくれそうな気がして相談してみた。この話は内緒だからね。」

生徒からプライベートな相談を受ける教育実習生は全体からすると少数でしょう。しかし，相談を受けた教育実習生からすると，これはとても大きな出来事です。自分が一人の「教師」として見られるということに対して緊張と責任を感じると同時に信頼に応えたいという気持ちになるでしょう。

①と②の相談に対しては，教育実習生自身の経験で対応することが可能かもしれません。生徒がその対応に満足する場合も，満足しない場合もあるでしょうが，いずれにせよ，相談に乗ること自体が生徒との関係を深めることになるでしょうし，生徒にもほかの人の意見を聞けるというメリットがあります。

③についても，教育実習生がそのクラスのHRなどを担当していれば，アドバイスや介入がしやすいでしょう。すぐには解決はむずかしいかもしれませんが，相談した生徒はずいぶんと勇気づけられるのではないでしょうか。

それでは④と⑤の相談はどうでしょうか。こうした場合，多くの教育実習

生は相談に乗ることをためらいながら，それでも最もよいアドバイスを必死で考えることでしょう。こうした相談にどうのように対応したらよいのでしょうか。そもそも教育実習生はこうした相談に対応してよいのでしょうか。

　教育実習生はまだ教師として責任をもって生徒の指導を行える立場にはありません。それまでの生徒の学校生活や家庭での状況，学校や担任教師の指導などを知らず，きわめて情報が少ない状況で相談を受けることになります。また，教育実習の期間は非常に短いものです。そのアドバイスがその後，生徒にどのような影響を与えたのかを知ることができないことが多いでしょう。これはアドバイスをする側からしたらこわいことです。

　相談が深刻なものであれば，担任教師や実習の指導担当教師などに対応について相談しなければなりません。そこで気になるのは，生徒がA先生を信頼して，内緒で相談しにきたような場合です。それを勝手に担任教師に話していいのでしょうか。生徒との信頼関係を壊してしまわないでしょうか。

　④のように，生徒が危険な行動をするおそれが高ければ，担任教師や実習の指導担当教師に相談しなくてはなりません。⑤のような相談の場合も学校側でできることを考えることが必要になります。いずれも教育実習生が一人でかかえて対応してよい相談ではありません。

　こうした場合，教育実習生は生徒から相談を受けた段階で，「この相談は教育実習生の自分では責任をもってアドバイスできないから，〇〇先生に相談させてほしい」と生徒本人に了解をとる必要があります。生徒が納得しない場合には説得に努めなければなりません。せっかく生徒が自分を信頼して相談してきたのに，その気持ちを踏みにじるようで気が引けるかもしれません。しかし，自分の立場を越えるところで相談に応ずることは，事故があった場合の責任をどう取るかといった問題について非常に無責任な状態でもあります。

　皆さんが真摯に説明すれば，多くの場合，生徒はほかの先生に助言を求めることを理解してくれるでしょう。一見，そうした対応で信頼関係が壊れるように思える場合があるでしょうが，そこでの関係は本当の意味での信頼関係とはいえません。紆余曲折を経て長い時間をかけて築かれるのが信頼関係なのです。

（伊藤直樹）

21 生徒に個人的な連絡先を求められたとき

生徒にメールアドレスや携帯番号を教えてほしいと言われらどうしたらよいですか。

教育実習も終わりにさしかかるころ、自分が受けもったクラスの生徒から以下のように言われました。
「先生、メルアド教えて。」
「今度の大会、絶対来てね。集合場所を連絡するから携帯の番号を教えて。」
　教育実習生が生徒から連絡先を聞かれることはしばしばあります。その学校に勤務している教師の場合には、担任をするクラスの生徒に自宅の電話番号などを伝えている場合もあります。教育実習生が実習校にいる期間は短いですが、生徒からすると、自分と年齢が比較的近い先輩との学校生活は楽しい思い出であり、教育実習生は生徒から惜しまれつつ、教育実習校をあとにすることも多いでしょう。こうした状況を考えると、生徒が教育実習生の連絡先を知りたいと思うことはきわめて自然なことであるといえます。
　出身校で教育実習を行う場合、生徒がすでに教育実習生の実家や自宅の場所を知っていることもあるかもしれません。また、昔から家族ぐるみでつきあってきたとか、知人の弟、妹などがその学校に通っている場合もあるかもしれません。こうした場合も連絡先を聞かれるのはきわめて自然なことです。
　しかし、学校側からすると、学校のあずかり知らぬところで教育実習生と生徒が連絡を取り合うことは避けなければならないことといえます。教育実習生を送り出す大学側も基本的に同じ思いをもちます。このため、実習校、大学とも、通例、「生徒に個人的な連絡先を伝えないように」とか、「聞かれた場合には大学の連絡先を教えなさい」という指導を行います。教育実習生は連絡先を教えることさえ制限される自らの立場の弱さに理不尽な思いを感じ、一方で生徒に対して大変申し訳ないと感ずることになります。
　最近になり、この問題は新たな課題をかかえることになりました。携帯電話の普及です。携帯電話は瞬く間に子どもたちの間に広がり、小学生が携帯電話を持つこともまれではありません。多くの学校が校内への携帯電話の持ち込み

や利用を禁止ないし制限していることでしょう。携帯電話の特徴は，コミュニケーションがきわめてパーソナルなかたちで行われることと，いつでもどこでも相手の人とコミュニケーションがとれることにあります。

　また，携帯電話は，技術の進歩によりデジタルデータの送受信，WEBコンテンツの利用などもでき，手のひらサイズのパソコンともいえる性能をもつようになってきています。デジタル化されたデータ（たとえば，メールや画像など）を瞬時のうちに多くの相手に送信することさえできます。残念ながら，携帯電話を介し，子どもが巻き込まれる事件も後を絶ちません。

　教育実習生が連絡先を聞かれる場合，おそらく，住所や固定電話ではなく，携帯電話の番号か携帯のメールアドレスが多くなるでしょう。上記のような携帯電話の問題を考えれば，自宅の住所や電話番号とは異なるレベルの情報について聞かれているということに注意しなければなりません。生徒との関係性や地域の特性，あるいは実習校の方針などから，連絡先として，自宅の住所を教えていた場合があるかもしれません。そういった場合も含めて，原則として，教育実習においては個人の連絡先を教えるべきではないでしょう。

　詳しくは質問20「生徒からプライベートな相談を受けたら」もご参照いただきたいのですが，携帯電話の番号やメールアドレスを生徒に教えた場合，かなりの確率で連絡がくることが予想されます。たわいもない内容もあるでしょうが，ときに，深刻な相談もあるでしょう。また，教育実習生側も生徒の個人的な連絡先を知ることで，自分から連絡をしてみたくなるかもしれません。

　自分としては「問題がない」連絡であると思っても，たとえば，生徒の保護者から見た場合，とくに異性同士の組み合わせであれば，「問題がない」とは受け取られません。携帯電話の番号やメールアドレスなどは，教えるほうも聞くほうも気楽に考えがちです。この点，いっそうの注意が必要だといえます。

　生徒には十分に事情を説明し，連絡の必要があれば大学の連絡先を教えるようにします。生徒から連絡があったときに丁寧に気持ちを込めて返事をすれば，直接，連絡を取れないことによる生徒の不満には応えることができるでしょう。なお，その際は，当然のことながら，教育実習生は自分の連絡先を大学として返事をすることになります。

（伊藤直樹）

22 全生徒との平等な接し方

教師はクラスの生徒全員と平等に接しなければならないことはよくわかります。ですが、実際何十人もの生徒と接していく場合むずかしいのではないかと思います。具体的にどうしたらよいですか。

どの生徒にも平等に接することは、教師としての基本姿勢というべきでしょう。朝、子どもたちとの出会いにはじまって、下校する子どもたちを見送るまでの1日、何十人もの生徒にいかに差別感を与えずに生活できるかは、たしかに大変むずかしいことです。それは何十人一人残らずと言葉を交わすことができたかどうかといった問題ではありません。中学校や高等学校に行くことになれば、授業でふれ合う生徒は、100人を超すことは普通です。そうなれば、一層一人ひとりとの交流はむずかしくなります。どう平等に生徒とふれ合っていくかを、実習期間中の一つのテーマとして追求してほしいものです。

具体的な方法として、いくつか例をあげてみましょう。

① はじめの出会いのとき、もちろん教師としての自己紹介を印象深く工夫して行い、生徒にも一言自己紹介を書いてもらう。これを資料として活用しながら、名前をできる限り早く覚えて、名前で呼びかける。

② 出席簿で名前を呼びながら、「顔色がいい。元気ですね」「返事が小さいよ。元気だしてがんばろう」など声をかける。全体の生徒にいきわたらなくても、あたたかい視線が一人ひとりをとらえているような接し方ができることが大切なのです。

③ 授業のなかで、手を挙げる積極的な生徒の気持ちも認めながら、消極的な生徒も、声を出さずにいられない学習のスタイルを工夫する。生徒たちをグループ分けして、グループで答えを出す。グループ内の一人ひとりが順番に答える仕組みをつくるなど、生徒の心をひらくための工夫が大事です。答えられない生徒をとばしてしまったり、はじめから期待していない先生の様子が見えると、劣等感を本人に抱かせるばかりでなく、まわりに不平等感を育ててしまいます。そして教師への不信も生まれてきます。

④ 休み時間、給食時、学級活動、部活動等のなかでも、できる限り生徒の

なかに入って，一人ひとりの個性を見つけ認めるチャンスにする。ともに活動しながらの共感が育てば，広く交流ができるきっかけになります。
⑤　通信を利用するのも楽しい試みです。教科通信や担当学級の通信等，今日感じたこと，教室で気づいたことなどメモ風に，マンガなども入れて，気負わずに，生徒との交流を図った先輩の例もあります。
⑥　自分を素直に表現できない生徒，とりつく島もないといった生徒もいるかもしれません。そんなときでも，「君のいいたいことは何かなあ，わかるような気がするよ」というゆとりのある対応ができれば，言葉として交わせなくても，差別感を深めることにはならないでしょう。実習期間のうちに，一度でも，微笑を交わせたら，それでもいいのです。

　はじめに述べたように，機械的に，みんなに平等にしなければと硬直した考えにとらわれていると，かえって生徒との間に，不自然な空気をかもしてしまうでしょう。平等に人に接するということは，人間の見方や人権感覚がどれだけ，自分のものとしてみがかれるかで決まると思うのです。教師としての立場に都合のよい反応を示す生徒には，ついやさしいまなざしや言葉がかけられるが，反発したり，思うように動いてくれない生徒には，言葉をかける気持ちにもなれずさけてしまったり，視線にもやさしさが欠けて，まっすぐ見ることができないなどという弱さを，どれだけ克服できるか。教師として精進が必要な目標なのです。それは，たんなる努力やがんばりだけでは身につかないのです。人間とはどういうものかを，歴史的にも，社会的にも，心理的にも，生物学的にも，考えつかめる学習が必要だと思うのです。また，民族のちがい，貧富の差，学力差，体力差，男女差　健常者と障害者の差など，社会にある不平等に鋭敏な感覚を育てつづけることも大切です。そうした力量を育てながら，生徒一人ひとりによりそって，ともに歩く手だてや方法を主体的に創造することを，今教師は正に求められています。まずは，現代を生きる人間同士という気持ちで，生徒と出会ってください。

（桐山京子）

23 ほめ方や叱り方

　教育実習において，ほめ方や叱り方はたいへんむずかしいと，先輩から聞きました。生徒が天狗になったり，落ち込まないで前向きになるようなほめ方や叱り方はあるのでしょうか。

　教師の一言が，生徒の心に深く刻まれて，それがその後の人生のエネルギー源となっている，また生涯深い傷あとを残したままになっているというようなことを聞くことがあります。それだけ教師は責任も重く，生徒からは期待もされているのです。教育実習生といえば，年齢的にも，生徒に近く，親近感をもって迎えられますから，その先生が共感をもってほめてくれたその一言がはげみになって，「僕もがんばらねば！」「私も先生のようになりたい」などと，前向きに生きる力になっていることもよく聞きます。生徒はどんなときに，そうした感動的なはげましを受けとるのでしょうか。

① 自分が行ったささやかな努力を認めてくれた一言。
② 自分が気づかずにいたことだけど，先生が指摘しほめてくれた一言で自分を見直せたとき。
③ ほめている先生の気持ちが感動的に伝わってくるとき。
④ 一面的なほめ方でなく，ここは少し足りないが，それを上まわる秀れた点があるというように客観性のあるほめ方。

　また，このようなほめ方は考え直てほしいと思います。

① ほかの人との比較でほめ，競争心をあおるようなこと。
② ほめている内容が納得がいかない。手段としてほめていると感じさせてしまうこと。
③ みんなへのはげましのために，とりたてて，みんなの前でほめるが，ほめることが，集団の共感にならないような場合。

　ほめるということは，生徒の心にある「はげみ」に点火するということ。また自ら繰り返し，はげみを再生産できるエネルギーを，側面からかきたててあげることでもあります。

　さり気なく「あの作品はとてもよかったよ」と一言伝えただけで，つぎの作

品を生む力が出てくることがあります。もちろん，その一言は，一人ひとりを認めているあたたかさに裏打ちされていなければ，心に届かないでしょう。

　叱り方のむずかしさは，感情的な面が出やすいことにあります。教師に一つの尺度があって，そのモノサシにあてはまらないと腹立たしくなる。こんな一人よがりな教育観では，どんなに言葉を費やしても生徒の納得を得ることはむずかしいのです。つぎに，叱るときに心を配りたい点をあげてみましょう。

① 教師自身が，何を叱っているのか，何をわかってほしいのか，明確であること。
② わかってほしいことは単刀直入にいう。説得しようと，あれこれもち出し，もってまわった表現になると，いらいらさせてしまう。
③ 予見をもって叱ることはやめる。良い子・悪い子というような類型的な見方で，レッテルをはるような叱り方は心にひびかない。
④ 仲間をひきさくような，人間不信を招く叱り方をしない。
⑤ 問いつめ，追いつめ，逃げ場のない，取り調べる調子の叱り方をしない。
⑥ 子どもだからと，気楽に個人の内面にふみ込んで，プライバシーを侵すような叱り方をしない。

　ほめることも，叱ることも，一人ひとりを大切にすることから出発することを押さえておきたいものです。生徒や，生徒集団が思いもかけないようなことをして，先生を驚かせることがあったようなとき，その事態をまず冷静にとらえることが必要です。そのうえで，人を傷つけることを平気でしていたり，真面目な努力を嘲ったりするような行為があったら，教師は，自分の考えや信念をぶつけて，本気で叱ることも，とても大事なことです。人生の先輩として，後輩への期待を率直に伝えたい。叱ることに，真摯な態度が見えれば，生徒は落ち込んだり，後退的にはならないものです。

　"ほめじょうずは子育てじょうず"という言葉をきいたことがあります。しかし，これもほめ方のテクニックがじょうずなら，子どもはすくすく育っていくというわけではなく，怒ってしつけるよりも，ほめて教えるほうが効果が上まわるという意味でしょう。ほめ方も叱り方も，子どもの心にフィットする力量を育てることが大事だと思います。

（桐山京子）

24 生活（生徒）指導

中学校では生活（生徒）指導がたいへんだと言われています。生活指導のために実習生としてどのような準備をしておいたらよいでしょうか。

学校教育において学習指導と生徒指導は2本の柱としてあり，とくに，生徒指導は特定の時間として設定されておらず，逆にいえば，学校生活全般にわたり，重要な役割を果たしています。

概念としての生徒指導と，具体・個別的な生徒指導をどのように関連させて，有機的な生徒指導を展開するかについて，教育実習を体験するにあたり，理解することが必要と思われます。

今，学校現場では，基本的生活習慣の確立や学校への帰属意識を高めるために，多くのエネルギーを費やす現実があります。それだけ生徒指導に対する学校現場における比重は高くなっています。

（1）生徒指導とは

上記に述べたように，生徒指導は学校生活全般，具体的には学習指導のなかではもちろんのこと，HR，清掃活動，部活動，全校集会など多岐にわたります。小中学校においては「道徳」も加わります。そのなかで，授業では見ることのできない生徒の側面を知る機会が与えられます。生徒理解への糸口は，授業のなかでよりそのほかの学校生活において知ることが多いのが現実です。

（2）生徒指導における校内分掌との有機的な関連

生徒指導の校内組織としては，校長を頂点とし，教頭（副校長）→生徒指導部という位置づけや，役割分担と責任の明確化がはかられ，生徒指導についての年間計画や問題行動に対する対処の方策などが検討されています。また，指導対応については教科担任→クラス担任→学年→生徒指導部というような有機的な関連のなかで，問題の初期対応の迅速化をはかる学校が多いと思われます。

教育実習生は，指導対応の難易度に応じて自分で解決しなければいけないこと，学校組織全体に委ねるものなどの判断が必要となります。

生徒指導上の問題を自分だけでかかえこむと，解決の方向性さえ見いだせなくなることがあり，学校組織全体に迷惑が及ぶ恐れがあります。

（３）学校・家庭・地域（公的支援を含む）の連携

　生徒指導上の実効性を高めるために，相互の連携が必要となりますが，これらの連携は，実習期間中に実習生が対応することはむずかしいと思われます。しかしながら，学校単独で問題解決を図ることがむずかしい事例が数多くあることを，理解しておく必要があります。

　家庭との連携では，開かれた学校づくりや，学級通信・学年便り，三者面談などがあり，また，地域との連携としては，適応指導教室（教育支援センター），教育センター，児童相談所，医療機関（精神保健福祉センター）などがあります。

（４）生徒個々人の把握の方法と「形式論理の落とし穴」

　生徒指導においては，教師である前に一人の人間としての力量が問われます。それは人間に対する認識と多様な価値観への理解が求められることでもあります。それと同時に，生徒指導は，個々の生徒に対する理解や共感を基盤にしながらも，問題行動に対する事実への解明は別のものであるという自覚をもつことです。

　ただし，「校則で決まっている」とか「決まりは決まり」というような，形式的な説得は相手の心にひびきません。あくまでも自分の言葉で説得することです。繰り返しになりますが，そこで一人の人間としての力量が問われることになります。

（５）生徒との関係と距離のとり方

　教育実習生は生徒との年齢差があまりないことから，生徒としては話のわかりそうなお兄さん，お姉さんと受け止められがちです。しかしながら，一定のけじめのないまま，友だち感覚で接すると，授業崩壊やさまざまな局面で指導や説得が困難になります。とくに異性に対する思春期特有の関心の高さを，誤解したまま接することは，大きな落とし穴となります。また，携帯電話やメールアドレスの交換等は，避けるべきことと自覚してください（質問18，21参照）。

（６）柔軟な指導

　生徒指導は，指導の側面と相談の側面をあわせもちます。指導の側面は，集

団指導として機能し，秩序を維持し，ほかの生徒の学習権や学校生活の安全や快適を保障するものです。相談の側面は個別指導の場合に発揮されます。生徒の話を受容的に聞く態度が求められ，自分の経験や価値観を押しつけるものではありません。ともに悩みながら共感的に受け止めることが必要です。そのなかで，相談者自身が問題点に気づき，その解決の糸口を見いだすことができるように接することが必要です。

とはいえ，指導と相談は表裏一体の関係にあり，優れた生徒指導とはその二つの側面を臨機応変に組み合わせ，流動する局面に対応することなのです。

(7) 基本的な生活習慣の確立

基本的な生活習慣の確立については，日常的な指導の繰り返しが必要となります。

生活習慣の乱れにはさまざまな要因がありますが，遅刻・無断欠席・頭髪や服装の乱れ・清掃等への非協力など，数え上げればきりがありません。

その際忘れてならないのは，生徒指導も教育の一環であり，いわば教育とは繰り返しの説得なのだという自覚をもち，生徒に働きかける必要があることです。繰り返しの説得と，指導効果の結果を急がないことが重要になります。そして，なぜ基本的生活習慣の確立を求めているのかを，自分自身の体験などを基にして，自分の言葉で繰り返し訴えることです。

教育における働きかけの効果は，なかなかすぐには現れません。しかしながら繰り返しの説得を，生徒は必ず頭の隅で覚えています。それこそが君自身と生徒たちの共有の財産となるはずです。

〔高橋靖之〕

25 教育相談，カウンセリング・マインドについて

大学で教育相談について学んだ際，生徒と接するときにはカウンセリング・マインドが必要だと教えられました。教育実習のとき，カウンセリング・マインドをもって生徒と接するには具体的にどうしたらよいのでしょうか。

通例，学校内には校務分掌上，「教育相談委員会」などの名称の組織があり，教育相談を担当する教師がいるほか，養護教諭やスクールカウンセラーも教育相談の重要な役割を負っています。ほかの教師が行う個々の相談も，こうした学校内での教育相談の方針と一貫性があることが望ましいといえます。教育実習生が生徒からの相談に対応する場合も，それは同様です。

教職に関する科目として「教育相談」に関する単位が必修となっており，ほとんどの教育実習生が「教育相談」の単位を取得してから教育実習に臨んでいるはずですから，「カウンセリング・マインド」については授業のなかで学習していることでしょう。しかし，大学で学んだ内容だけで実際に生徒の相談に応ずることはむずかしいのが現実です。

「カウンセリング・マインド」は，教師に必要な資質の一つとして取り上げられることが多いのですが，「カウンセラーがもっているのと同様な，相手の内面を理解しようとする姿勢」というような意味合いで使われます。具体的には，クライエント中心療法の創始者であるC. R. ロジャーズが提示した「ロジャーズの3原則」の考え方に近いとされます。ロジャーズは，人間は本来的に成長し，自己実現していこうとする傾向をもっていると考えました。こうした考え方も，ロジャーズの3原則と合わせて重要です。

ロジャーズの3原則は，一般的には「受容」「共感」「自己一致」といわれます。詳しくは専門書にゆずりますが，ごく簡単に説明すると以下のようになります。「受容」とは，どんな悩みをかかえている人であっても，悩み苦しむ一人の人間として尊重して接する態度のことをいいます。「共感」とは，相手の悩みや苦しみを相手の立場に立って理解しようとすることです。「自己一致」とは，相談を受けている人が，その過程で自分の内面に起きてくるさまざまな感情や思考を正確に把握し，そうした感情や思考のままの状態にいつづけよう

とすることです。

　ロジャーズの3原則は，いずれも本来は専門的なトレーニングを受けたカウンセラーがカウンセリングを行うなかでめざす原則であり，教師が学校現場でそのまま用いるのに適しているとはいえません。教育現場に求められているのは，カウンセリングの専門家のように生徒の相談に対応するということではなく，カウンセラーの専門性のうち，教育現場に役立つものを取り入れることであると考えたほうがよいでしょう。

　実際に，カウンセリング・マインドの考え方に基づき，教育実習生が生徒からの相談に対応する場合，以下の点に気をつけるとよいと思います。

　まず，生徒の話を徹底的に「聴く」ことです。カウンセリングのトレーニングを受けていない人が相談に対応するのを見ていると，相談に来た人と同じくらいかそれよりも多いくらい話してしまう傾向が見られます。これでは相手の相談を聴いたことにはなりません。また，休み時間や空き時間に少し話を聴いただけで生徒の悩みの全容がわかるものではありません。話される内容の背景にあるさまざまな事柄までわかって，初めて生徒を理解したことになるのです。徹底的に「聴く」ことが必要なのはこのような理由にもよります。

　つぎに，助言や指導をできるだけ控えることです。相談をもちかけられると，なんとか助けになりたいと思うものです。その気持ちはよいのですが，そうした気持ちに動かされて，その場で思いついた助言をしたり，自分が知っている解決方法を教えたりするのでは，本当の意味での問題解決はもたらされません。同様に，悩みの解決のために生徒の行動に細々と指導を行うことも，単に教師側の考え方を押しつけることになりかねず，望ましいことはいえません。悩みを解決するのはあくまで生徒本人であり，教師や教育実習生はそのサポートに徹する必要があります。ロジャーズの考え方に従えば，教師や教育実習生のサポートがよければ，生徒は自ら成長し，自己実現していくことになります。

　最後に，何より大事なことは，生徒の相談に対して，真摯な態度，あたたかい雰囲気で接し，生徒の気持ちを理解しようと努めることです。悩みを解決しなくてはならないのが，生徒本人であるからといって，「一人で解決してごらん」と生徒を冷たく突き放してしまうような対応は避けなければなりません。

こうした対応では生徒の成長の機会が失われてしまうでしょう。

　生徒は本来的に成長しようとする力をもっています。それが自ら芽を出し，大きく育つようにするために，あたたかいまなざし（光）と，よい接し方（水），そして見守ること（時間）が必要です。なお，教育実習生が実際に生徒からプライベートな相談を受けた場合の対応については，質問20をご参照ください。

（伊藤直樹）

カウンセリング・マインドは生徒を助ける「特効薬」か？

　教師が学校で直面する問題の１つに，「全体」と「個」の調和をいかにはかるかという問題があります。生徒指導とカウンセリングを例にとって，この問題を考えてみましょう。

　たとえば，「合唱コンクールを前に練習をさぼりがちな生徒」がいたとします。生徒指導的な観点からすると，この生徒を練習に参加させ，クラスとしての活動をよりよいものとするよう働きかけることになるでしょう。

　いっぽう，カウンセリング的な観点からすると，生徒がなぜさぼりがちになってしまうか，生徒のもつ個別の状況に着目して働きかけることになるでしょう。

　これまで学校は「全体」を重視し「個」をないがしろにするといわれ続けてきました。典型的な例は「校則」です。そこに「個」を尊重する原理であるかのような位置づけで「カウンセリング・マインド」が導入され，多くの学校にスクールカウンセラーが配置されました。

　「全体」の価値観と「個」の価値観に違いがある以上，そこには必ずといってよいほど，葛藤が生じます。学校のなかにカウンセリングの原理が持ち込まれ，個別な対応が多くなることは，見方をかえれば，学校の中の「全体」と「個」の葛藤が前よりもはっきりする状況をもたらすとも考えられます。

　教師には「全体」と「個」の調和をはかるような努力がいっそう必要になってきたといえます。そこでは，単に「合唱コンクールの練習に参加しないのは生徒のわがままだ」，「校則を守らない生徒は悪い生徒である」といった紋切り型の態度は求められていません。逆に，「生徒の気持ちを尊重し，練習に参加するかしないかは生徒に選択させよう」，「校則も生徒にすべて任せよう」というような，一見，「個」としての生徒を尊重しているように見えながら，教育的には無責任にもつながりかねない態度も求められていません。

　どんなにすぐれた教育学者も，どんなにすぐれたカウンセラーも，この問題の「特効薬」をもちあわせてはいません。教師一人ひとりが，生徒の声に耳を傾けたり，教育書を読んだり，先輩教師から助言を受けたりしながら，最後には自分の頭で考え抜くしかないのです。そんなふうに考え抜く態度が教師の専門性であるといえるのではないでしょうか。

（伊藤直樹）

26 特別な支援を必要とする生徒への接し方

学習障害など，特別な教育的支援を必要とする生徒がいた場合，彼らへの対処はどのようにしたらよいのでしょうか。なにか注意を要することはありますか。

近年，発達障害という言葉がよく聞かれるようになっています。従来，障害とは知的障害，運動障害，精神障害に分類されてきましたが，2004年度に成立した「発達障害者支援法」により，新たに高機能自閉症（HiFAU），注意欠陥多動障害（ADHD），学習障害（LD）などのこれまで広汎性発達障害に含まれるとしてきた障害を発達障害と位置づけることとなりました。これらの障害のある児童生徒は，特別支援学校や特別支援学級に在籍することもありましたが，現在では小中学校や普通科高校等の通常学級で障害のない児童生徒と同じ教育を受けることが多くなりました。したがって，教育実習に行く皆さんも発達障害のある児童生徒と接したり，あるいは授業を教えたり支援することも多くなることと思います。これらの発達障害は，たとえば運動障害のある場合のように一見して判断することができるような障害ではありません。どことなくほかの児童生徒とちがう，と思う程度に感じることも多く，なかなか障害の存在や本質に気づかないものです。しかし，障害のない児童生徒と同じような接し方をすると，児童生徒の理解が進まず，短い教育実習の期間では十分な関係を構築できなかったり，その結果研究授業などにも影響を与えることが少なくありません。そこで，本項では高機能自閉症と注意欠陥多動障害，学習障害の理解とその接し方について述べることとします。

発達障害は基本的に先天性の中枢神経系（脳）の障害と考えられています。生まれつき脳のある部分の働きが十分でなかったり，まったく働かない状態であり，その結果として対人関係能力や言語能力，社会性の発達，自己コントロール機能の発達などが年齢相応に成長していきません。よく誤解されるのですが，発達障害のある児童生徒は親の育て方や生育環境が悪かったとか，本人の自覚や努力が足りないとか思われがちです。これは大きなまちがいで，発達障害のある児童生徒や保護者等には責任はありません。肢体不自由の障害のなか

で脳性麻痺という障害があります。この障害も先天的な中枢神経系の障害ですが、身体が十分動かないことやまったく麻痺していることに対して、その原因を本人や保護者の責任に求めることはありません。基本的には発達障害も脳性麻痺等の肢体不自由の障害もまったく同じ中枢神経系の障害が原因であり、障害の部位により表面に現れる状態が異なってくると考えることができます。

(1) 高機能自閉症（HiFAU）

　自閉症には基本的な3症状（特徴）があり、①対人的相互反応の障害、②言語的・非言語的コミュニケーションの障害、③限局した行動と興味などがあげられており、知的障害も全体の4分の3から2分の1を占めているといわれています。この自閉症のうち、知的障害のない自閉症の人たちを高機能自閉症といいます。高機能自閉症のある生徒のよくある臨床像としては、ほかの生徒たちと同じようなやり方で同世代の友人とかかわることが苦手であったり、集団のなかで社会的脈絡が理解できていないかのような言動をすることがあります。たとえば、会話においては感情のこもっていないかのような話し方をしたり、自分の興味のあることばかり話をして相手の話を聞こうとしなかったり、あるいはその場の雰囲気や空気を読めない言動をしたりすることがあります。一見超マイペースや自己中心的といった理解をされがちな言動ですが、高機能自閉症のある生徒は意図的にこのような言動を行っているわけではありません。障害のゆえにこのような言動になってしまうのです。ですから、私たちは高機能自閉症の生徒と接するとき、彼等の言動は意図的ではないことをまず理解し、先入観や誤解をもたないようにする必要があります。また、言葉をかける場合もできるだけ省略せずに話しかけるほうがよいです。つまり、板書の内容をノートに写させるときも、「書いて」だけではなく、黒板を指さしながら「これをノートに書いて」と具体性をもたせながら指示すると、伝えたい内容がより確実に伝わります。そのほかにも目立つ特徴として、想像力が十分でないことがあげられます。これは、具体的には友だちともめごとがあったような場合に、教師が「相手の立場になって考えなさい」とか「あなたが○○さんだったらどう思う？」などの言葉かけをする場面に顕著となります。このような言葉かけはよくある内容ですが、想像力が十分働かない高機能自閉症のある生徒には、

困難な課題となってしまいます。自分とは異なる相手の視点に立つ，という視点の変換は高機能自閉症のある生徒にはとてもむずかしいことになります。ですから，このような場合にはもっと具体的に「あなたの〜した行為によって，○○さんは〜と感じているよ」と話してあげるとよいでしょう。

（２）注意欠陥多動性障害（ADHD）

注意欠陥多動性障害は，主に幼児期から目立ってくる多動・衝動型と年長になって目立ってくる不注意型があります。多動・衝動型では，落ち着きがなく授業時間中ずっと席に座っていることができなかったり，感情や行動のコントロールが苦手で衝動的で突発的な行動をとったりします。授業中に最も目につくタイプで，その結果教師から叱責や注意されることも多くなります。不注意型は，あまり目立たないのですが学年が進むにつれ学業の遅れや教師からの注意が多くなり，ときにはいじめの原因になることもあります。どちらのタイプにも共通しているのは，自尊心がいちじるしく低下していて「どうせ自分はダメなんだ」とか「どうして自分は人と同じことができないのか」と自分を責め，自分に自信がまったくもてないことです。したがって，当たり前のような小さなことでも認めてほめてあげることや，まんざらでもない自分を指摘して自信をもたせることが大切になります。行動や感情のコントロールが十分できない障害と考えられるので，できなかったことを責めるのではなく，できなくてもやろうとしている努力や気持ちを認めてほめてあげましょう。

（３）学習障害（LD）

基本的には高機能自閉症やADHDと共通している様子が多くあるので，これらと同じ対応が必要となります。また，学習障害の場合，知的障害はまったくないので，知的発達の遅れが原因の学習遅滞と混同してはいけません。特定の教科や分野（読み・書き・計算など）において，ほかの教科から推測される成績とはかけ離れた成績をとることが特徴です（たとえば社会90点，理科95点，算数88点，国語30点）。したがって，つまずきのみられる教科や分野を重点的に支援する工夫が必要になりますが，通常の学級に在籍している場合がほとんどなので，特別扱いをされているという意識をほかの生徒にもたせることがないように気をつけなければなりません。

（田実　潔）

27 教科外活動への参加

実習期間中に球技大会が予定されていると実習校の先生に言われました。こうした行事に参加する時間を教材研究にあてたほうがよいのではないかと思います。どうしたらよいでしょうか。

　実習期間中は大変忙しいので、少しでも多く教材研究の時間を取りたいというあなたの気持ちはよくわかります。しかし、学校における教育活動は、教科の授業だけでしょうか。球技大会は、単なる息抜きではなく、れっきとした教育の一環なのです。結論からいいますと、実習期間中に球技大会のような学校行事があれば、参加するのはもちろんのこと、できるだけ積極的に先生や生徒とかかわるべきだと考えます。

　あなたが中学生や高校生だったときを思い出してみてください。印象に残っているのは、どのようなことでしょうか。教科の授業を真っ先にあげる人は、おそらく少数派でしょう。体育祭・文化祭・球技大会・合唱コンクール・修学旅行・遠足などの学校行事、部活動での練習・試合・発表などがまず頭に浮かんでくるのではないでしょうか。では、なぜこれらのことが印象に残っているのでしょうか。自分たちでやりたいことを考え、友だちとぶつかり合いながら実行に移していき、次第にみんなで一致団結していく連帯感が形成されていく。そして、行事や試合などの当日には大きな達成感を覚えて感動した。こういった一連の流れによって、人間的に成長したからこそ、今でも覚えているのでしょう。

　このような体験は、普段の教科の学習ではあまり味わえないことと思います。このような行事や活動で身につけた能力を一言で表すとすれば、市民社会の一員として必要な「自治の能力」ともいえるでしょうし、今日の教育のキーワードである「生きる力」そのものともいえるでしょう。それだけ、学校行事や部活動が重要だということなのです。

　学校行事や部活動を、「教科外活動」とまとめていう場合もありますが、学習指導要領においてどのように扱われているかを確認しておきましょう。学校行事は「教育課程の4領域」の一つである「特別活動」に含まれます。部活動

は，中学校・高等学校では特別活動には入りませんが，2008年の改訂において学校教育の一環であると明記されました。このように，学校行事や部活動は，制度的にも学校における教育の一部なのです。あなたが教科指導を中心に行う教育実習生の立場になったからといって，生徒のときに教科外活動で得た経験を忘れてほしくないということなのです。

　一般的に，教育実習の期間中に，体育祭や遠足などの学校行事が入ることが多いようです。実習期間中に学校行事があれば，参加して有意義な経験とするべく努力しましょう。また，放課後の部活動も，自分が在学中に在籍していた部を中心に，何度か足を運んでみるといいでしょう。

　それでは，教科外活動に参加する際には，どのようなことに気をつければ，有意義な体験になるのでしょうか。質問のあった球技大会について考えてみましょう。スポーツができる服装をして，可能であったら競技に入れてもらうくらいの積極性が望ましいです。生徒が試合をしている場面を見るときは，声援を送ったり，拍手をしたりします。そして，近くで見ている生徒にも話しかけてみましょう。普段の授業では見られない生徒の特徴に気づくかもしれません。また，担任の先生の言動にも注目しましょう。球技大会は，クラスをまとめていく際に重要なものなので，それを意識した生徒へのかかわりを行っておられるはずです。このような点について，直接先生に聞いてみてもいいかもしれません。やはり生徒と一緒になって楽しむだけでは不十分で，先生側からの視点をもつことが大切です。

　最後に，教科指導と教科外活動との関連について述べておきます。両者は，一見対立するもの，まったく接点がないものと感じるかもしれませんが，そんなことはありません。教科外活動での生徒の姿を把握することが，教科指導である授業を成功させることにつながります。教科指導と教科外活動は，学校教育の両輪として密接に関連していて，両者がうまく関連して教育目標の達成につながることが，よい教育だといえるのです。

〈冨江英俊〉

28 道徳の授業を計画する

学校によっては道徳の時間を担当させられることがあると聞きました。道徳の時間の指導は，他の教科ほど学習していません。どんな準備をしたらよいでしょうか。

中学校における道徳の時間の指導は，次のように考えられているのです。十分に準備しておいてください。

(1) 道徳の時間とは

道徳の時間は，まず第1に「人間としての望ましい生き方について，生徒自らが考え学ぶ時間」です。つまり道徳的価値を押しつけたり，一方的に教え込んだりする時間ではありません。資料の，主人公の考え方や生き方をとおして話し合いを進めていきます。第2に「道徳的実践力を育成する時間です」。資料中心の話し合いに終始することなく，生徒自らの問題として，ねらいとする道徳的価値を深く自覚することが道徳の時間の役割です。つまり，道徳的行為そのものを指導したり，即効力を期待するものではないのです。道徳的心情，道徳的判断力，態度や意欲等の心（Mind）を内面から育てる時間です。第3に「全教育活動における道徳教育を，補充・深化・統合する時間です」。図式化すると次のようになります。

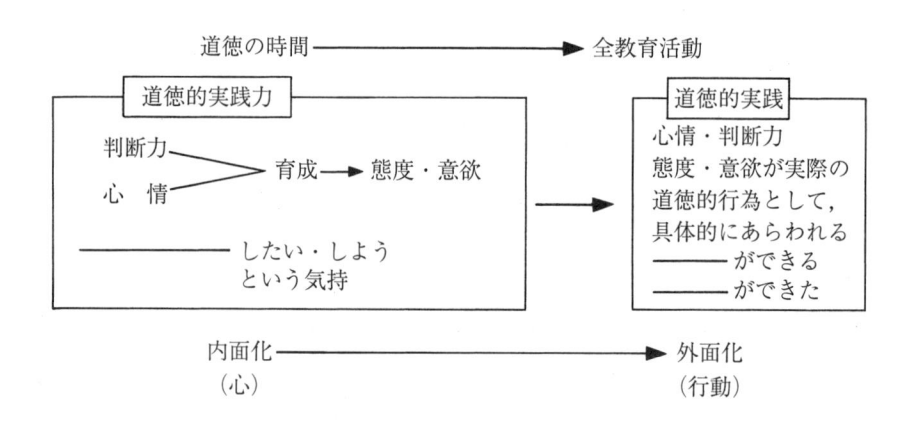

```
            道徳の時間 ──────────→ 全教育活動
 ┌─────────────────────┐   ┌─────────────────────┐
 │   道徳的実践力       │   │   道徳的実践         │
 │  判断力 ┐            │   │ 心情・判断力         │
 │        ├育成→態度・意欲│   │ 態度・意欲が実際の   │
 │  心 情 ┘            │   │ 道徳的行為として，    │
 │                     │   │ 具体的にあらわれる    │
 │   ──── したい・しよう │   │  ──── ができる       │
 │        という気持    │   │  ──── ができた       │
 └─────────────────────┘   └─────────────────────┘
       内面化 ──────────────→ 外面化
        （心）                  （行動）
```

64　第2章　実習を行う

(2) 主題の構成

　主題とは，どのような道徳的価値をねらいとし，そのためにどのような資料を，どのように活用するかを構想する指導のまとまりです。

　① 主題構成の手順

　主題を構成するには，まず，道徳の時間にねらう一定の道徳的価値を設定し，それにふさわしい資料を選びます。そのうえで両者を組み合わせて，何をどのように指導すべきかをはっきりとさせた「展開の大要」を考えます。つまり，まず指導内容の把握，生徒の実態把握を行い，指導のねらいを確立し，次に資料の選定を行い，主題の展開を構想し，指導案の作成に向かいます。

　② 主題名の設定

　主題名はその時間の指導内容をよく表現したものが望ましいと考えられます。

　③ 主題構成から指導案の作成

　指導案を作成するにあたって，「主題設定の理由」には次のような内容を盛り込むことが必要です。

　　〇ねらいとする価値について
　　　a．ねらいとする価値が道徳教育上どのような価値をもつかをおさえる。
　　　b．その時間に取りあげた理由をおさえる。
　　　c．ほかとの関連をはかる。
　　〇生徒の実態について
　　　a．ねらいに関して生徒の実態をおさえる。
　　　b．生徒の発達段階との関連をはかる。
　　　c．なぜ，そのねらいを生徒に身につけさせる必要があるのかをおさえる。
　　〇資料について
　　　a．資料の内容を要約する。
　　　b．資料を選択した理由をおさえる。
　　　c．資料を活用していく視点をおさえる。

　「ねらい」では，その時間に指導する道徳的価値を含む内容を焦点化して具体的にあらわします。

(3) 指導過程（学習指導案の作成）

一人ひとりの生徒にねらいとする道徳的価値を主体的に自覚させるための指導の手順を示すものです。

① 指導過程（指導案）の構成

道徳の時間の始めから終わりまで，どのように展開することが，ねらいの達成のうえから効果的であるか，その指導の手順を具体的に検討することが必要です。

図式化すると次のようになります。

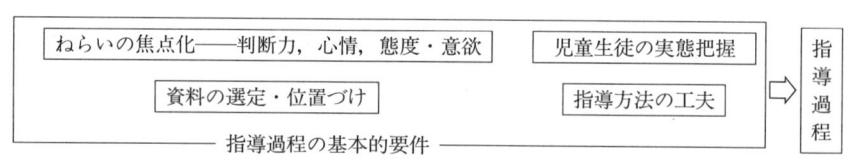

ねらいの焦点化──判断力，心情，態度・意欲	児童生徒の実態把握	指
資料の選定・位置づけ	指導方法の工夫	導過程
──────── 指導過程の基本的要件 ────────		

② 指導過程の基本型

指導過程は，「導入」「展開」「まとめ」の３段階の順序で行われます。つまり，「価値への方向づけ」「価値の追及・価値の主体的自覚」「価値のまとめ」の３段階です。

(4) 資料について

主題がねらいと資料とで構成されていることからもわかるように，道徳の時間の指導をする場合，資料は欠かせないものです。その際，主として，ねらいとする道徳的価値を追求・把握させる段階で活用します。ある特定場面における人間の生き方にふれることにより，生徒に自分自身の道徳的な考え方，感じ方を身につけさせるわけです。

(黒澤英典)

［3］ 授業を計画する（指導案づくり）

29 授業参観のポイント

授業参観は，実習校の先生方の授業を見学できるいい機会だと思うのですが，授業参観をする場合のポイントや態度を教えてください。

この本を手にしておられるおそらく大学生であろう多くの皆さんは，これまで教職課程でいろいろな講義を受けてきたことでしょう。教育の基礎に関するものや教育心理に関するものもあったでしょう。また，あなたが手にする免許の科目にかかわるものや教科教育法も学んだはずです。しかし，実際に先生が生徒に対して行っている授業はどのくらい見たでしょうか。ほとんど見たことがないのではありませんか。ビデオでなら見たという人もいるかもしれません。でも目の前で，生徒の発する質問や不規則な発言，大きな笑い声に驚嘆する顔，こうした生の姿に接したときにはじめて教育とは何かということを実感するのではないでしょうか。こうした意味で，教育実習の期間に授業参観をすることは大変意義のあることだといえます。

（1）授業参観するときの態度

①マナーを守る　当然のことですが，授業参観する場合には，その授業をなさる先生に許可をとってから見学しましょう。実習校で最初に行われる実習説明のとき，「本校では自由に授業参観をしてください」と指導されることがあります。だからといって，勝手に授業参観することは，先生も戸惑われますし，生徒も落ち着きをなくします。

また，すでに授業中のクラスに途中から入ったり，見学しているクラスから授業の途中で抜け出すこともやめましょう。これらは大変失礼な行為です。こうしたことを理解して，はじめにお願いに上がり，授業の開始前には教室の後ろで静かに着席して待ち，授業の開始時には生徒とともに挨拶をし，終了後には，職員室で改めてお礼を言いましょう。

②学ぶ姿勢を崩さない　せっかくの機会だから多くの授業を見学したいと思うことでしょう。もちろんそれは悪いことではないのですが，なんのために見学しているのか考えてください。つまり授業見学で何を学ぼうとしているのか課題を見つけてください。また，実習生同士の情報交換からおもしろい先生

あるいはおもしろい授業がある，と聞きつけて，連れ立って見学することもやめてください。知り合いと授業参観してしまうと話さないまでも目配せのようなことを行ってしまうことがあります。こうした行為は，教壇から丸見えであり何しに来ているのかとお叱りを受けることにもつながります。

授業参観は，先生方の真剣な授業に立ち会うことですから，節度ある行動が求められるのです。

（2）参観するときのポイント

つぎに授業参観するとき，何に注目するのか，学ぶべき課題は何か，そのポイントを述べましょう。

①授業の方法に注目する　授業を行うとき，その授業の目的と到達目標というものがあります。それは，年間計画によってつくられているため，実習生が1回限りの授業参観を行っても見えてこないかもしれません。しかしながら，どのように授業がなされているかに注目すると，その先生が考えてみようといったかたちで形式陶冶的な教育を行っていたり，知識理解に主眼をおいた実質陶冶的な教育であったり，授業の特長に目が向けられると思います。

②教科の違いに注目する　多くの授業参観をすることは悪いことではないといいましたが，授業は教科ごとに相違のあることに目を向けてみましょう。学校教育は，国語能力・社会認識・数量認識といった目的に応じて教科がつくられています。そこではその達成のための教材があり教科方法があります。こうした教科の違いにより授業の手法も異なっていることを理解していなければ闇雲に授業参観しても学べることは少なくなるでしょう。

③生徒に注目する　教室で授業を受けているときの生徒の反応に注目することは，生徒理解と授業方法の両方にとって大切です。生徒の反応の相違は，理解力によるのか授業への関心の程度なのか，あるいは性格なのかいろいろ考えられます。

以上のポイントに注目しながらそこで行われている授業の素朴な疑問関心というものを自ら発見しましょう。たとえば，先生や生徒の言葉遣いなども授業を創るうえで重要なファクターであることもあります。まずは，初めての授業参観からはじめてみましょう。

（吉村日出東）

30 生徒の予備知識を知る方法

指導案をつくる段階で，すでに授業内容がどの程度生徒の学力となっているか（たとえば，英語の学習の場合のように，生徒が文法をどの程度理解しているかが問題となるように）をどういう方法で把握できるのでしょうか。

指導案をつくる際には，授業をする予定のクラスの生徒の学力の実態について把握しておくことが重要です。そうしないと生徒の実態にかみあわない授業になりかねません。

まずは，自分が担当する単元の前までに行われた授業内容を知るために，実習校で使われている教科書をよく読み，生徒がすでに学習している内容を確認することが第一歩になります。しかし，各クラスの一人ひとりの生徒が教科書の内容をどこまで習得しているかには，当然ばらつきがあります。それを知る手段としては，教科担当の先生に聞くことが考えられます。教科担当の先生は，日々の授業やテストを通じて，各クラスの学力実態について把握しておられます。実習生は，教科書をよく検討したうえで，各クラスの生徒の学力実態に関する情報を教科担当の先生から聞き取る努力が必要となります。たとえば，中学校の社会科で教育実習をしたある学生は教科担当の先生から次のような情報を得ています。

「歴史の知識の面においては，各々の興味のある事柄ならば，小学校の調べ学習などにより身についているところもある。しかし，時代によっては知識に偏りがあるため，全体の流れや，各事柄のつながりが理解できていない生徒が多い。」

次に重要なのは，実習の前半に行う授業参観（教科担当の先生による授業を観察する）によって，自分が授業をする予定のクラスの生徒の学力実態をつかむことです。授業参観ではクラスの雰囲気等，全体的な印象をつかむことも重要ですが，一人ひとりの生徒の学習課題への取り組みをよく観察して，具体的な教科の内容に即して学力実態を把握しようと努力することが大切です。たとえば，中学校で英語の教育実習をした学生の日誌に，次のような記録の例があります。

「中学校1年生の英語のクラスを観察した。あいさつ、リピート練習のときは、本当に声が出ていて元気だった。しかし、単語テストのプリントの記入のときには、生徒たちのペースにばらつきが見られ、学力の差が感じられた。同じ生徒が何度も質問していた。」

「机間巡視を行ったとき、『私は』のところを My と書いている生徒や書けていない生徒が数名おり、I と My を混同してしまっているのではと感じた。このクラスで授業をする際には生徒が質問しやすい雰囲気をつくらなければと思った。」

「このクラスの問題点は、クラス全体における学力格差である。大半の生徒が塾で教科書の内容をすでに学習している。よって生徒が興味をもって、積極的に授業に参加できるように内容を工夫すること、机間巡視などにより生徒の理解度をより観察することが必要となる。」

以上の実習生による観察記録の事例からいえることは、授業内容がどの程度生徒の学力となっているかを把握する方法として、授業参観のときから、意識的に机間巡視を行い、そのクラスの生徒の学力実態を教科の内容や課題に即して具体的につかんでおくことです。とりわけ重要なのは、各クラスでの生徒の学力差がどのくらいなのか、できれば特徴的な生徒のエピソードとともに覚えて、記録しておくことです。自分が授業をするために指導案を作成するときは、そのような情報をもとに授業展開を考えることが必要です。たとえば、英語の授業で教科書の内容を応用して英会話のグループワークを位置づけるときに、どの程度の単語や文法事項を生徒が会話するときにサポートできるように準備しておく必要があるのかを考えておくためには、授業参観での記録が役にたちます。

そのほかに、生徒の予備知識を知る方法としては、自分でテストやアンケートを作成して事前に生徒に配布し、答えてもらっておくという方法もあります。これは時間的には実施がむずかしい場合が多いですが、最初の授業で数分の短時間でも、簡単なアンケート（たとえば「○○について知っていますか」など）に対する回答を生徒に書いてもらって、それをもとに次からの授業に役立てるというかたちならば比較的実行しやすいでしょう。

（鋒山泰弘）

31 具体的な担当箇所がわかる時期

実習で教科書のどの部分を担当するかがわからないのが不安です。それが具体的に決まるのはいつごろですか。早くわかればそれだけ教材について勉強していけるのですが。

　教育実習の期間中にどの部分を教えるのか，早くわかればそれだけ準備に費やす時間が多くなって，心理的にも落ち着くと思います。しかし，たいていの場合，担当する具体的な箇所がわかるのは，実習がはじまる1週間前に行われる事前の打ち合わせのときと思っていてまちがいないでしょう。これはなにも学校の先生たちが不親切なのではなく，先生方も直前にならないと進み具合がわからないという事情があるのです。

　こうした事情にもかかわらず，皆さんの先輩方は，担当する箇所を1週間前に知っても，十分質の高い実習をしてきたことも事実ですので，心配することはありません。しかも，1週間前にならないと教材研究ができないというわけではありませんので，安心してください。

　実習校で使用している教科書の出版社は，実習の約3ヵ月前の実習打ち合わせの際にわかりますので，自分の担当する教科の教科書をできたら1年生から3年生まで，買い揃えてください。全部そろえてもそう高くありません。そして，1年生から3年生までの教科書を少なくとも一度は通読してみてください。そうするとその教科の全体像，全体の組み立てといったものが把握できるはずです。もし，担当する学年がわかっていれば，その学年の教科書を何回も通読しておきます。

　このように，なぜ事前に通読しておくことを強調するかといいますと，実習で担当する箇所は，いうまでもなく，全体のある部分にほかならないからです。教育内容の全体と部分は有機的に関連しあっています。全体の見通しができてはじめて部分の位置づけや意味づけが可能になるからです。担当する箇所は，全体の一部であるという事実をしっかりと心にとめておいてほしいものです。

　もし，幸いにも担当する箇所が早めにわかったとしても，その箇所だけを教材研究してはいけません。先にいったように，その箇所は全体の一部だという

ことを忘れずに，少なくとも，その学年の教科書全体における位置を自分なりに明確にしておくことが大切でしょう。

　また，偶然にも卒業論文のテーマと同じ教材にあたることもあります。幸運かもしれません。でも必ずしも，うまくいくとはかぎりません。実際の授業場面で，教えなくてもよい事柄まで詳しく説明しすぎて，失敗した事例がいくつかあります。自分の得意とする箇所や分野を担当することになった場合には，学年の水準や目標を考えて，「この事項までは教えるが，これから先は省く」というように，明確な線引きをしておくことがとくに必要でしょう。

　先生方も忙しいですから，むずかしいかもしれませんが，可能であれば，学校を訪れて先生とコンタクトをとっておくのも一つの手段です。そうすれば，どの部分を教えることになるのか早めにわかりますし，また事前に実質的な指導を受けることもできます。
　　　　　　　　　　　　　　　　　　　　　　　　　　　　　　（別府昭郎）

先輩からの一言

　教職を志す学生にとって教育実習は，分水嶺としての意味をもつといっていい。授業こそ教師の本務であるが，授業を成立させるためには多岐にわたる教育環境の整備が必要である。教師は教科担任である以外に，学級の経営者であり，校務分掌に属して学校経営の一端を担う存在である。さらにまた，部活動顧問としての役割もある。教育実習を通じてこのような学校の実態に接し，教職への情熱をますます強くする人と，現実を重くとらえすぎてまったく情熱を喪失してしまう人がいる。もちろん教職に半生を捧げた私としては，教育実習を通じて教師という仕事に改めて魅せられ，さらなる闘志を燃やしてほしいと願っている。

　教育は個々の子どもたちの個性・能力の伸長を図るとともに，伝統や文化など社会的な価値を継承させて未来の担い手を育成する営みである。そして教師の仕事は，子どもたちの可能性を信じ，その魂に灯を点けることである。授業は1回限りの真剣勝負である。1時間の授業を成功させるにはその10倍の教材研究が必要であるといわれている。投げ入れた情熱に比例してしか物事はその意味を投げ返してはくれない。日々の教材研究の原動力として教育を支える理念と情熱にも思いを致し，燃える教師をめざしてほしい。健闘を祈ります。
　　　　　　（池上和文／宮崎国際大学入試広報室長・前宮崎県立延岡星雲高等学校長）

32 学校の授業と塾の授業の相違点

これまで家庭教師や塾講師をした経験があります。教えることには一応自信をもっているつもりですが、学校の授業は塾の授業とは違うのではないかと不安です。相違点を教えてください。

　学校の授業と塾の授業は、はたして何もかわらないのでしょうか。換言すれば、学校の本質と塾のそれは、何もかわらないのでしょうか。
　もし、塾でのアルバイトを通じて「教える」ことに自信をもっている人がいるとするならば、その"自信"に、私は少なからぬ懐疑と恐怖を感じます。一般に学校の教師はベテランになればなるほど、自らの教育実践に、自信ではなく不安や非力を感じ、自らの教育実践により多くの努力を払うものなのです。自信に満ちた教師は、日々の反省から遠い存在であるがゆえに、むしろ危険なのです。逆にいえば、本物の教師は、絶えず不安を覚え、その不安に耐えながら、より質の高い授業づくりに挑戦しているのです。その創造的な精神こそ、教師の重要な資質であるといえましょう。不安こそが、じつは、より優れた授業を創造していくうえでの原動力なのです。ですから、塾講師や家庭教師の経験のある人がもつべきなのは、いい加減な"自信"などではなく、"不安"のほうなのです。
　「教える」ことに自信をもっている人は、何を根拠に"自信"を語るのでしょうか。子どもたちを志望校に合格させた実績によってでしょうか。それともアルバイト代の高さゆえでしょうか。そもそも、塾でアルバイトをしている目的・本音はなんなのでしょうか。有り体にいうならば、塾講師や家庭教師において、子どもとの関係は、どう言い繕っても金銭関係を軸にしています。子どもの親は、成績の向上という結果を求めて「代金」を支払います。そして、塾講師や家庭教師は、その「代金」に見合うサービスを提供します。目的は単に成績の向上ですから、子どもとの関係は、教育や人間形成といったものではなく、一定の知識の迅速かつ合理的な詰め込みに終始します。しかし、学校における教師と子どもとの関係は、金銭関係においてではなく、教師の教育に対する情熱、専門的知識に対する信頼において結ばれています。また子どもの側も、

教師に一定の知識だけを求めているわけではありません。むしろ子どもは授業を通じて，教師の人間的魅力，学問的見識の深さにふれたがっているのです。学校には授業はもちろんですが，体育祭，学芸会，遠足，林間学校，修学旅行などの特別活動があります。しかし塾や予備校にはありません。このことは，とりもなおさず学校が，子どもの知的・芸術的・社会的な成長に対する責任を負っていることの何よりの証拠ではないでしょうか。あるいは子どもが学校に文化的・社会的な経験を求めていることの証拠ではないでしょうか。もし皆さんが，きたる教育実習で，子どもたちに一定の知識を迅速かつ合理的に詰め込もうとするならば，たしかに一部の子どもたちは興味を示すかもしれません。しかし，大多数の子どもは拒否反応すら示しかねません。なぜならば多くの子どもたちが求めているのは，授業や特別活動を通じた文化（＝人類の知的遺産）の探究であり，皆さんとともに学ぶことの楽しさそのものだからです。皮肉なことに，塾や予備校に通っている子どもたちにかぎって，このような文化の探究，意味の探究を渇望しているものなのです。

　皆さんは，すでに「教育原理」や「教育史」などの教職科目を学んでいますね。それならば近代教育学の祖といわれるヘルバルト（1776〜1841）の名も知っていますね。ヘルバルトは主著の『一般教育学』（1806）のなかで「教授なき教育もなければ，同様に，教育なき教授もあり得ない。」といっています。教育実践は，常になんらかの「教授」的行為であるものの，同時に，その教授は常に「教育」的行為でもなければならないのです。つまり「教授」の底には「教育」が，人間形成がなければならないのです。学校でしか創造され得ない「教育」を伴った「教授」。口で言うのは簡単ですが，容易なことではありません。その模索のために学校の先生方が捧げている日々の努力は実に膨大なものです。しかも学校の授業は，授業時数，学級定員，検定済教科用図書などいくつもの制度的制約のなかで行われているのです。しかも学校教育は，受験競争という圧力から自由ではないなかで展開されているのです。学校における授業は，そういった複雑な環境のなかで，子どもとともに学問の価値を探り，学問の楽しさを模索するなかに，その価値を有しているのです。そしてここにこそ，学校と塾の決定的なちがいがあるのです。

（金田健司）

33 授業のさまざまな形態について

教育実習というと，黒板を背にした一斉授業というイメージです。でも，生徒だったころのことを思い出してみると，グループで話し合ったり，班学習をしたりしました。私もいろいろなやり方にトライしてみたいと考えています。どんな工夫をしたらよいでしょう。

　一斉授業では，教師は教科書や黒板などを使って授業をし，多数の児童生徒は黒板を背にした教師が行う授業を聞く，という形態をとります。一人の教師が多数の児童生徒を相手に授業をするので効率がよく，児童生徒は互いに影響を受けながら学習することができます。わが国では１学級あたりの児童生徒の人数が多く，教えなければならない内容も多いので，学校ではこの一斉授業の方式で行われることが多いのです。

　また一斉授業では，教師の描いた一定の計画に基づいて行われることが一般的です。だからといって，教師からの一方的・強制的な指導ばかりが行われているということではありません。教師は児童生徒に質問や問題を投げかけ，それについての反応を見て理解度を推し量り，授業の進度を調節したりします。また，教師と児童生徒のやりとりだけでなく，児童生徒同士のやりとりも取り入れることにより，共同作業として授業を展開することもできます。このように一斉授業を行っていても，さまざまな工夫をすることにより，児童生徒の興味・関心を喚起するような授業を行うことは可能です。

　しかし，児童生徒は受け身がちとなり，詰め込み授業になってしまうという危険性もあります。また，児童生徒には個人差がありますが，多数に対して授業が行われるため，個人差を視野に入れることがむずかしくなってしまいます。そのため，授業の進行についていけない児童生徒は取り残され，理解の早い子は足止めされて不満が出てくることもあります。

　そこで，児童生徒が学習活動に対してより積極的・能動的に参加するようグループや班といった小集団を編成し，学習活動を展開するという方法を導入することもあります。

　グループや班などの小集団を編成して行う学習では，問題解決に向けての活

動を少人数で行うことが中心です。少人数ですから，それぞれの児童生徒の自己表現がしやすくなり，学習活動への参加も積極的になります。また学習の過程で，自主性や連帯感，責任感などを身につけることもできます。また，教師と小集団の間，小集団内の児童生徒の間，小集団と小集団の間，小集団と学級全体の間など，さまざまな場所で相互作用が起こります。そして，小集団をとおしてさまざまな考え方を互いに検討することにより，思考の広がりや深まりを期待することができます。

しかし，問題点もあります。何から何まで自分の主義主張，流儀を押しとおそうとするようなリーダーが現れることもあります。また，リーダーにすべて任せっきりにしてしまい，自分は何もしないというようなメンバーが出ることもあります。小集団同士の対立もあるかもしれません。ですから，各小集団の自主活動に任せて放任するのではなく，教師は各小集団の状況を常にチェックし，適宜指導と助言を与えることが必要です。また，普段から児童生徒がこのような学習方法に慣れていないと，うまく進むまでにかなり時間がかかります。そういった点も念頭におかなければなりません。

むずかしい部分はありますが，一斉授業のなかで工夫するだけでなくグループでの話し合いや班学習にもトライしてみようと思うことは，大変いいことだと思います。ただ，実習指導の先生などとよく相談してから，取り組んでほしいと思います。普段の授業のなかで小集団を編成して行う学習をどう取り入れておられるのか，またどのような小集団編成がよいのかなど，よくお聞きしてください。教育実習が終わっても学校ではそのまま授業が続けられるわけですから，実習生が行った授業のために学級内で対立が起こったり学級がバラバラになったりというようなことは許されません。

上で述べたような一斉授業，小集団を編成して行う学習（グループ学習，班学習）のほかに，複数の教師がチームをつくって協同して行う授業（ティームティーチング）や机間巡視しながら個別的に行う指導（個別学習）といった授業形態もあります。また，習熟度別に分けて指導を行うこともあります。さまざまな授業形態を組み合わせて，うまく授業を創造していかれることを期待します。

（山本克典）

34 授業実習の時間数

授業実習を何時間くらい行うかは，学校によって，また担当の先生によって違ってくると聞いていますが，実際のところ教壇に立つ上限・下限の時間数はどのくらいが適当なのでしょうか。

　教育実習は，教壇での実習だけを行うのではありません。教育実習は，いうまでもなく教員としての実地訓練の場であり，教員としての仕事の一端として，特別活動や，部活動にかかわることがあります。たとえば，中学校の場合はホームルームを一つずつ担当し，生活指導を含めてクラスの指導も行います。高等学校の場合は，担当教員によってはクラスの指導を行うこともありますが，あくまで授業中心の実習となります。

　しかしながら，当然のことながら教育実習の中心は授業実習となります。授業実習の時間をどのくらいとるかについては，もちろん学校によってさまざまですが，ここでは，ある学校を事例に説明することとします。

　教育実習の3週間のうち，最初の1週間は，実習生が実習前に提示された教材に対して行ってきた教材研究や指導案の最終的な作成やそのチェックと，授業参観をするのが通例です。この段階で，指導案にさらなる修正が加えられるとともに，さまざまな教員によって行われる実際の授業を数多く見学しておくことが必要です。また，自分が担当するクラスの雰囲気，たとえば生徒の様子などをつかんでおくことも，この1週間における大切な準備です。それまで行ってきた教材研究や指導案の作成は，いわば自分のなかでのみのイメージでなされるものです。そのなかに実際の生徒の姿を加えることで，あなたのなかでの授業のシミュレーションもより具体的なものになるでしょう。

　実習中の指導案は，授業ごとに作成します。しかし，基本的には，たいてい最終週に行われる研究授業のときほどの綿密な指導案は，普段の授業実習には作成しなくてもよいことが多いようです。もちろん，学校によっては，毎回綿密な指導案を求めるため，その作成のために実習生が徹夜つづきになる場合もあります。指導案について，どれほどの綿密さを求めるのかということは，実習校の実習ガイダンスや担当教員によって異なりますので，きちんと聞いて指

導を受けることが大切です。そのためにも授業実習に入る前の1週間のうちに，担当教員から指導を受けて作成に努めましょう。

　いつから，どのくらい教壇に上がるかは，クラスの雰囲気と実習生の対応そのほかを見て，担当教員が判断しますが，第2週および第3週の期間に，実習生の能力によって6～20時間を担当することになります。もちろんその上限・下限に決まりがあるわけではありませんが，例年平均して12時間程度行われるようです。担当教員によっては，同じ学年で複数クラスを実習担当させることもあります。

　授業実習の流れとしては，まず事前に担当する時間の教材研究と指導案を担当教員にチェックを受け，実際に生徒を前にして授業を行い，そのあと担当教員から授業について指導を受けていきます。複数のクラスを担当していて次に同じ授業を行うことが可能なときには，さらなる修正を加えて，再チャレンジすることもあります。そのようにして，教員としてのスキルを磨いていくこととなるのです。

　実習授業中は，担当教員は授業を完全に実習生に任せて，教室の後ろに立つなどして見学しています。しかし場合によっては，授業の最中であっても担当教員が授業を中断して，注意を与えることもあるようです。いうまでもなく，授業実習は，実習生にとっては「実習」であっても，生徒にとっては正規の「授業」です。授業時間の確保のためには，やり直しをするわけにはいきません。そのためにも，事前に綿密な教材研究などの準備は欠かせません。

　授業実習にかかわる実習生からの相談で，「どのように教えたら生徒が理解してくれるか」というものがあるそうですが，それに対して考えられる問題点は3点あります。一つは実習生自身がいかに教材を理解しているか，という教材研究そのものにかかわる点です。なんといっても，授業の根幹は教材研究ですから，生徒が理解してくれるのを期待するのではなく，自分がどこまで与えられた教材を理解しているかを反省すべきでしょう。二つ目は，この授業でこの教材を使って何を生徒に伝えたいのかを実習生がはっきりさせているか，という授業の到達目標にかかわる点です。この点があいまいなまま授業を行うと，いくら実習生が張り切って授業を展開しても空回りしてしまい，生徒に本当に

伝えたいこと，伝えるべきことが伝わらない，ということになってしまいます。三つ目は，板書や授業の導入，展開といった技術的なことです。この点については，実習の回数が増す（いわゆる「場数を踏む」）ことによってある程度解消されます。

　これらの問題点は，教育実習中だけではなく，実際に教員になってからも常に考えなければならない点ではありますが，授業実習においては，とくに意識して行うことが大事です。また，担当教員から受ける指導も，上記の3点，とくに最初の2点についてのものがほとんどです。そしてこの2点は，ただ実習の回数が多ければよいというわけにはいきません。いくら授業実習を重ねても，その質が低ければ実習の意味もなくなりますし，教わる側の生徒たちにとっても決してよいものとなりません。ですから，毎回の反省から授業実習の質を高めていくよう努力を重ねることが大切です。そのためには，授業の反省とより深い教材研究，指導案の修正，授業シミュレーションの立て直しといったことの時間がある程度不可欠となります。

　こうしたことを肝に銘じながら，実習を実りあるものにするためにも，そしてより質の高い指導案を作成する時間を含めて考えたとしても，授業実習の時間は，やはり12時間からせいぜい15時間程度が適当であるといえるでしょう。

（谷脇由季子）

35 指導案のつくり方

指導案は好きなように書いてもよいのでしょうか。いろいろな形式があると思いますが…。

　一般に指導案，あるいは学習指導案という場合，1単位時間（小学校では45分間・中学高校では50分間）の授業の計画案です。この1単位時間の授業を進めるにもいろいろな準備が必要です。授業はその場の思いつきで進めるわけにはいきません。指導案は，その準備を一覧に表したものといえます。

　では，なぜ，その準備をわざわざ一覧にして示すのでしょうか。指導案をつくる目的と意義はどこにあるのでしょうか。一つは，あくまでも「よい授業」をめざすためです。それには，まず「学習指導とは何か」を考え，「学習指導を改善していくためにはどうすればいいか」を探り，そして，「学習指導の理論を実践的に追究していくための仮説」を立てていくのです。もう一つは，「よき教師」をめざすためです。教師は常に教師としての専門性を厳しく問われます。学習指導にはそれが凝縮されてあらわれます。つまり，そこには日々流動する「児童生徒や教材に対する挑戦」の姿を，新しいものを生み出すという「創造への挑戦」の姿を，そして，広い視野をもつ「研究的実践者への挑戦」の姿を，指導案に示していくのです。

　ですから，指導案には一定の固定した形式があるわけではありません。授業者がどのような意図で授業を組織し，展開していくかによって，形式も表現もいろいろなものになっていくのです。しかし，いかなる意図をもって臨んでも，その客観性を保つために，指導案には原則的につぎに示すような点のおさえが求められます。

　①授業実施の日時・対象・場・授業者

　たとえ同単元，同教材を扱う授業であっても，対象や授業者が異なれば，その授業は計画の段階からまったく同一であることは不可能。授業者が同じで対象が異なる場合でも同様。したがって，授業の一回的・固有的な責任体制を明確にしていくために，その事実を示しておく。

　②単元（題材）の目標とその設定の理由

ここでは，授業の一回的・固有的な内容の実質を示していく。授業者の「この授業に立ち向かう構え」の具体的な表明である。それは，この単元（題材）に込められた目標の分析を進め，自らの教材観，児童生徒観，指導観を展開していくことになる。実習生の場合，教材観はある程度の展開が可能だが，とくに児童生徒観はなかなかつかめない。事前に授業参観や児童生徒の学習ノートの閲覧などをとおしてできるだけその実態をつかむ努力が必要。
　③ 単元（題材）の指導計画と本時の位置
　一般に単元（題材）は，数時間から数十時間の規模をもつ。ここでは，それが内容的にどのような構造をもって展開するのかの全体像を時系列で一覧的に示し，そして，その全体像における本時の授業の位置を明確にしていく。
　④ 本時の目標と展開案
　ここからが，本時の授業そのものの計画案になる。まず，指導のねらいを具体的に表明する。たとえば「買物客を集めるために，商店街では商店会をつくり，計画的に仕事を進めていることを，街路灯の設置に焦点を当てながら観察やインタビューの活動を通して理解させる」というように，ここでは，児童生徒が立ち向かう対象，児童生徒が進める活動，児童生徒が獲得する姿を端的に示していく。
　つぎの展開案は，目標に向かって追究する児童生徒の活動予想を単位時間の時系列の枠組みのなかに具体的に表明する。一般的には，「導入段階・展開段階・終末（まとめ）段階」という指導過程（時系列）を考え，それに即して「主な学習内容と予想される学習活動」を配置し，さらに，その活動を支えるための「指導上の留意点」を添えて，授業展開の具体的なマトリックスを作成していく。
　⑤ 本時の評価の観点
　ここでは，目標に到達するいくつかの段階を具体的に表明していく。たとえ一斉的な授業でも，児童生徒一人ひとりの学習実態はさまざまであり，その到達の姿もさまざまになる。それをあらかじめ予想し，基準化しておく。
　ところで，このような指導案づくりは，実習生が最も時間をかけて力を注ぐものですが，はじめから「よい指導案」をつくることはなかなかできません。

案を立て，実施し，修正し，それを次の案に生かしていくという研究的なサイクルの過程で，その意義や方法がだんだんと身についていくものなのです。したがって，1回1回の指導案はできる限りきめこまかく慎重につくっていくことが望まれます。

つぎに，指導案をつくる手順について端的に述べておきましょう。

① 教科書を丹念に読む

児童生徒がもつ教科書は，学習指導要領に準拠して編集してあり，児童生徒の立場に立って，単元(題材)の目標・内容，そして，あるときには方法までも具体化されている。できれば数社の教科書を読み比べれば，学習像が浮かび上がってくるにちがいない。

② 学習像のスケッチをもって，あらためて児童生徒を見る

教科書から得た学習像と，目の前にいる実際の児童生徒を重ね合わせていく。すべてが重なるとは限らない。とくに重ならないところに重点をおいて凝視し，その「ずれ」の意味を探っていく。この「ずれ」への挑戦が「自分の指導案づくり」への鍵になる。

③ 学習像のスケッチをもって，あらためて地域を見る

社会科や理科はもとより，ほかの教科においても，児童生徒にとって身近な地域素材を教材化していくことは大切である。地域教材と教科書教材とを組み合わせることにより，学習指導に幅と深まりができ，目標への柔軟な道が開かれる。

④ 実践例や先行研究に当たる

仮に「自分の指導案」ができても，「これでよし」というわけにはなかなかいかない。「これでよし」という自信をもつには，同じ単元(題材)を扱った実践事例や先行研究に当たることである。そこに「もう一人の自分」を発見し，自分のつくった指導案を相対化し，自己評価できる道が開かれる。 　　　　　　（次山信男）

36 教材研究の目的と方法

教材研究とは具体的にどんな研究なのかピンときません。たとえば，レポートを書いたり，ゼミで発表したりするときの「研究」とはどこが違い，どこが同じなのでしょうか。

　大学のゼミやレポートのための研究では，自らが設定したテーマや，与えられた課題にそって，詳しく調べ，考察を加えてまとめます。読むのは，大学生か大学教員ですから，専門用語や複雑な論理を含んでいても，きちんと筋道をたてて論じていれば，理解してもらえるでしょう。また，調べた内容についてできるだけ詳しく書いたり，図や表をふんだんに使ったりするほうが，よい研究として評価されるでしょう。

　それに対して，教材研究は，自分よりも年下の子どもたちに，よりよくわかる授業をするために行います。研究した内容をすべて盛り込んで，プリントにして配っても，授業を受ける子どもたちにはわからないでしょう。また，授業の時間は限られていますから，すべてを扱うこともできないでしょう。内容を厳選する必要があります。

　つまり，教材研究は，「子どもたちにわかる授業をする」ために行う点が，大学での研究と大きくちがうのです。以下に教材研究のポイントを示します。

（1）教材を教えるのではなく教材で教える──教えるべき内容を厳選する

　実習生の授業を見に行くと，教科書の順番どおりにべったりと教えていることがあります。しかし，そのような授業のあとには，指導の先生から「さきほどの授業のねらいは何ですか」「この教材で最も教えたかったポイントはなんですか」と問われます。もう少しはっきりと，「教材研究が足りません。何を教えるべきか，わかっていないのではないですか」と言われることもあります。

　教材というのは，まさに「教えるための材料」であって，教材をべったり扱う必要はありません。教材を教えるのではなく，授業のねらいにそって，教材で教えるのです。授業のうまい先生は，重要な部分で補助教材なども用いてじっくり時間をかけ，ほかの部分はさっと教えるなど，授業にメリハリがあるはずです。

［3］　授業を計画する（指導案づくり）

教育実習生が，最初に分析する教材は，教科書でしょう。教科書をよく読み，単元の指導目標を理解したうえで，自分が授業をする部分を深く分析し，この教えるべき内容を，厳選しましょう。また，前後の単元で学ぶ内容や，子どもたちがつまずきやすい点などについて，自分でも研究し，実習校の先生にも助言をいただきましょう。すると，授業のねらいを設定することができ，教科書をどう使うか，ドリルや副教材をどう使うか，自作のプリントはどんなものを準備するか，などを考えることができます。

（２）授業の中心になる資料，発問（主発問），例題を用意しよう
　教師の説明がだらだら続くと集中力が続かず，子どもにとって苦痛な授業になります。そこで，多くの場合は，子どもがじっくり見て考える資料（社会科ではとくに多いでしょう）や，中心になる発問（主発問といいます）を準備します。算数，数学の場合には，重要な例題を扱うことも多いでしょう。45〜50分の授業で扱うことのできる資料や発問，例題の数は限られていますし，少ないほうが，子どもが自分で考えたり，発見したりする時間をとることができます。しかし，これは時間をかければよいということではありません。あまりにも進度が遅いと指導計画が狂ってしまいます。だからこそ，十分に教材研究をして，子どもの思考を深めるよりすぐりの資料や発問，例題を準備しましょう。

（３）教師用指導書に頼りすぎるのは危険
　教科書会社は教師用指導書というものを用意しています。これは，教科書を使って指導するときに参考になるような資料や発問，演習問題の例が載っていて，大変便利なものです。しかし，教材研究が不十分なまま教師用指導書に頼ると，結局指導のポイントを外してしまったり，子どもからの予想外の質問に答えられなかったりします。まずは自分で教材分析をすることが重要です。

（４）子どもに対する理解を深める
　子ども一人ひとりの特徴や個性がわかると，教材を分析しながら，「ここでAさんはこうつぶやくだろうな」とか，「Bさんからこういう意見が出るだろうな」など，子どもの反応を予想することができます。もちろん，その予想は外れることもよくありますが，このような分析ができると教材研究が一段と深く行えます。実習生では難しいのも事実ですが，自分が授業を担当する前でも，

ほかの先生の授業を見せていただける機会に，子どもたちの発言や反応をよく見ておいて，子ども理解を深めましょう。

また，クラス全体の特徴がわかると，一斉授業がよいのかグループ作業がいいのかなど，学習集団についても考えることができます。教材研究というと，教材ばかり研究しているようですが，実は子どもの姿を具体的に想像できるかどうかも，重要な鍵になるのです。

（5）教材になりそうな素材を集めておこう——おもしろいネタに敏感になろう

教材研究には，子どもたちが興味を示しそうな素材をもとに，どうやったらこれを教材にできるか考えるというやり方もあります。たとえば，大津和子氏は，バナナを世界の貿易について教える教材として授業に登場させました。バナナがなぜこんなに安い値段で食べられるのか，という問いから，生徒は，南北問題の理解にまでいたります（大津和子『社会科＝一本のバナナから』国土社，1988年）。これは教師が南北問題について説明するよりも，はるかにインパクトのある授業です。普段からアンテナを張っておいて，おもしろい素材を集めておくと，あっと驚く教材をつくることができるでしょう。単におもしろいだけで，授業のねらいから外れてしまってはいけませんが，このような教材研究を知っておくと，授業づくりの幅が広がります。

(川地亜弥子)

先輩からの一言

実習に行く前に時間をかけてやったことは，教材研究でした。自分の担当する単元をあらかじめ教えていただいていたので，前もって教科書や副教材を読んで，準備しました。非常に重要だと思われる内容でも，教科書ではあっさりとしか説明されていなかったため，自分で辞書，百科事典などで詳しく調べました。むずかしい言葉や，違いがわかりにくい言葉などは，十分解説できるよう，説明プリントなども準備しました。実習が始まってからは，じっくり調べる時間がとれなかったのですが，インターネットなども活用して調べました。インターネットでは，その情報がまちがっていないか，複数のページを比べたり，図書館で最終確認をしたりしました。しっかり研究したことで，授業中の生徒の質問にも落ち着いて答えることができたと思います。

(N.A.／大阪電気通信大学)

37 実習生と教師用指導書

教師用指導書という便利なものがあると聞いています。実習生はそれに頼るべきではないという意見もあります。しかし，未熟な実習生にとって，それは重宝なもののような気もします。教師用指導書はどの程度参考にしたらよいのでしょうか。

教師用指導書は，教科書会社が編集したもので，自社の教科書を授業で使用する場合に，教師の指導の助けになることをねらって作成されています。一般の書店では手に入りません。「虎の巻」とも呼ばれ，教師が授業を進めていくときに，大変便利な本です。

内容は，それぞれの教科の特性や，教材のねらいによってさまざまです。指導案の例，試験の問題例，教科書に出てくる人物や事柄，図や写真についての解説も載っています。これを見ると，教科書作成者がどんな意味を込めて，文章を書き，資料や文章を選んだのかがわかるともいえます。

しかし，教育実習生がこれを参考にすべきかどうかについては，意見の分かれるところです。参考にするかどうかは実習校での指導教諭の方針によります。参考資料の一つとして見てよい，という先生もいれば，安易に頼ってはだめだ，という先生もいます。

教師用指導書は，大変便利なのですが，逆にいうと，自分でじっくり考えなくても授業計画が立てられてしまう，というデメリットがあります。なぜこれがデメリットになるかというと，自分で立てたのではない授業計画では，どうしても盛り上がりに欠けるからです。教師が一生懸命に教材研究をし，発問や自主作成教材などを準備してくると，教師からその教材のおもしろさが伝わり，子どもたちも熱心に授業を聴いてくれることが多いです。

もう一つのデメリットは，授業中の不測の事態に対応できないことです。授業では，子どもから予想外の発言が出ることがよくあります。そのとき，指導書に頼って授業計画をたてていますと，なぜ子どもがそのような発言をしたのかわからず，自分の期待する答えが出るまで別の子どもに当て続けるような指導になります。子どもにとって，納得のいかない授業になっているのに，教師

は計画どおりに進んでいることに安心して，それに気がつかないということが起こります。逆に，自分で教材研究をして授業計画を立てると，子どもの予想外の発言でも授業に生かすことができる可能性が高まります。

さらに，授業のために教材を研究し，自分なりの構想を立てることは，教師の成長に不可欠のものです。中学校の国語教師として高名な大村はま氏は，教師が教材と向き合うときの新鮮な情熱が授業には欠かせないと考え，必ず教材研究をし，自分でも新しい教材を準備したといわれています。そのうえ，自分で研究してつくった授業であれば，授業後に批評を受けときに，その意味がよくわかり，次に生かすことができます。実習中にも，自分の成長を感じることができるでしょう。指導書に頼っていると，せっかくの成長のチャンスを逃してしまいます。

つまり，指導書を見たほうがよい授業ができるように思いますが，むしろ逆で，自分で考えたほうが納得のいく授業ができる可能性が高く，自分自身の成長にも結びつくということです。

もちろん，実習生は授業に不慣れな分，いい授業ができるか不安に思う気持ちは強いでしょう。実習に行く前に，できるだけの準備をしていきましょう。

まず，大学の教科教育法で指導案の書き方，授業の構想，指導方法などを学んできたはずです。その内容を思い出しましょう。そして，自分が担当する教科の教科書は全学年分そろえて，目をとおしておきましょう。子どもたちが使用している副教材も手に入れておきましょう。

さらに，実習校の指導教諭に，前もって実習期間中に生徒が学ぶ予定の単元を教えてもらいましょう，教材研究や授業の構想を立てておけます。指導案を書いて，具体的に考えると，なおよいでしょう。実習に行く前であれば，大学の教員に相談することもできますし，図書館などでじっくり調べることもできます。もちろん，予定が変更され単元が変わることもありますが，その準備が無駄になることはありません。単元同士の関係を深く理解して授業を構想することができます。生徒にとって分かりやすい授業づくりに役立つでしょう。

実習期間中は，実習校の担当の先生に自分の指導案を見ていただき，十分に計画を練り，準備したうえで授業にのぞみましょう。

（川地亜弥子）

38 教育機器やコンピュータ

教育実習のことを出身校に頼みに行きましたら，先生から教育機器やコンピュータを使った教育が最近さかんになってきていると言われました。実習に行くまえにどのような準備をしておいたらよいでしょうか。

　教育機器とは，教育の効果をあげるために使用される機械器具のことです。1960年代から，学校に教育機器として視聴覚機器が導入されはじめ，しだいに普及していきました。視聴覚機器には情報を提示するという機能があり，①音声の提示にはラジオやカセットテープ，CD，MDなど，②文字・画像の提示にはスライドやOHPなど，③文字・音声・画像の提示にはテレビ，VTR，VD，DVDなど，が使われます。

　近年は，コンピュータに代表される情報機器の普及により，コンピュータが視聴覚機器に取ってかわる傾向にあります。それは，最近のコンピュータはマルチメディア機能が充実しており，音声の提示や文字・画像の提示，文字・音声・画像の提示もコンピュータだけで可能だからです。それに加えて，コンピュータには学習活動の支援や学習情報の収集・処理機能があり，またネットワーク端末としても利用できます。インターネットを使った授業も，かなりの学校で行われています。

　『平成19年度 文部科学白書』によりますと，2007年3月現在，児童生徒7.3人に1台の割合で教育用コンピュータが整備されています。教員の校務用コンピュータの整備は43.0％です。また，56.2％の学校で校内LANの整備が行われています。これらの割合は，今後ますます高くなっていくでしょう。しかしそれでも，一般社会に比べ学校におけるIT環境の整備は，まだまだ遅れているといえるでしょう。

　実際，教育機器（視聴覚機器や情報機器）を授業で使うと，児童生徒の興味・関心をかき立て，反応も大きくなることがあります。こういったこともあって，小・中・高校において，「各教科等の目標を達成する際に効果的に情報機器を活用すること」を文部科学省は求めています。つまり，コンピュータを積極的に各教科の授業で利用することが求められているのです。

ただし，教育機器を使った授業にも問題点はあります。児童生徒の関心が機器やモニターに向いてしまい，授業の焦点がぼやけてしまうといったことです。こういったことにならないよう，十分に注意しなければなりません。また，教育機器を使うと確かに教育効果も上がるので，それをつい万能視してしまいがちです。教育機器はあくまでも補助教材にすぎないということを忘れてはいけません。さらに，こういった教材の作成や選定には，かなりの時間と労力を要することも考慮しておかなければなりません。

教育機器を利用して授業を行うためには，それぞれの機器の特性をよく把握しておくことが必要です。そのうえで，利用する授業にとって最も適切な機器を選択し，最も効果的なタイミングで使うことが大切です。視聴覚機器の場合は一般の家庭にあるようなものも多く，取り扱いはそうむずかしいものではありません。いっぽう，コンピュータには汎用性があり，さまざまな情報を提示することが可能です。しかし，コンピュータの取り扱いにはかなり習熟を要するものもありますから，実習に行く前から常に慣れ親しんでおくことが必要だと思います。

教育機器の特性を知るためには，大学で開講されている「教育の方法および技術（情報機器及び教材の活用を含む）」に関する科目（「教育方法論」とか「教育工学」といった科目）をキチンと履修しておくことが必要です。また，コンピュータに慣れ親しんでおくために，普段からコンピュータの利用を心がけましょう。最近は文科系の学部でも，コンピュータ自習室が整備されているところが多くなっています。できれば，教育実習へ行く前に，コンピュータ実習の科目をいくつか履修しておくといいでしょう。

教育実習において，こうした教育機器を使って授業をするというのはなかなかむずかしいことだと思います。しかし，新しい体験にチャレンジすることはよいことだとも思います。その際には実習指導の先生とよく相談し，授業の焦点がぼやけないよう注意して利用してください。また，教材づくりや選定にはかなりの時間をかけ，授業のねらいからはずれないようにしてください。教育機器を幅広く活用する可能性は，十分ありそうです。

（山本克典）

39 インターネットの利用と注意点

インターネットには授業のネタになるような情報がたくさんありますが，インターネットでの教材研究には注意が必要だと聞きました。インターネットを使って教材研究をしたり，授業で話す内容を探してきたりするときの注意点を教えてください。

インターネットのホームページには，有用な情報がたくさん掲載されています。それは，誰でも簡単にホームページを作成することができ，広い範囲の人々に情報を発信できるようになったからです。しかし，そのような情報は玉石混交の状況ですし，さまざまな問題や危険性も含まれています。使い方を誤ると，大変な状況に陥ることもあります。ホームページに掲載されている情報を利用する際には，以下の点に注意しましょう。

（1）内容の信頼性

ホームページの情報を利用する際には，その情報を鵜呑みにしてはいけません。情報が正確なものであるかどうか，最新のものであるかどうかなどを確認する必要があります。とくに，表やグラフなどはぜひ原典に当たってみてください。引用の出所や情報の確認先が明示されていない場合は，その情報はあまり信用しないほうがいいでしょう。また，ホームページ発信者の連絡先が明記されていない場合なども，情報の積極的な利用は控えたほうがいいでしょう。

（2）知的財産権の侵害

ホームページに掲載されている情報を活用する場合，私的な目的で保存したり印刷したりすることはできます。しかし，教材研究のためなどに保存した情報を加工・編集して印刷するという行為は，著作権の侵害になる場合もありますから注意が必要です。文章や写真，絵などの著作物を複製したり改変したりする場合も，著作権者の許諾を得なければなりません。

なお，自分の意見と比較したり，自分の意見を補ったりするために他人の著作物を利用することを引用といいます。これは法律で認められた行為で，著作権者に許諾を求めなくても問題はありません。しかし，以下の四つの条件を満たすことが必要です。

・自分の著作物が「主」で，引用した部分が「従」の関係にあること
・社会通念上，自分の著作物にそれを引用することが必要と認められること
・必要最小限度の分量であること
・著作物，題名，掲載場所等が明示されていること

　さらに，引用したのがどの部分かはっきりとわかるようにカギカッコで括るなどの区別をしたうえで，出典，タイトル，著作権の所在などを明示しなくてはなりません。

　また，商標の使用にも注意しましょう。商標とは，商品やサービスを識別するために付けられている文字，図形，記号などのことです。商標は法律によって保護されていますから，勝手にコピーして使うことはできません。

　また，他人の写真などを利用する場合，肖像権に注意しましょう。有名人の写真などを無断で利用した場合，肖像権の侵害として訴えられ，損害賠償を請求される可能性もあります。

（3）有料サイトの利用

　ホームページ上の情報が無料なのか有料なのか，よく確かめてから利用するようにしましょう。ホームページによっては，架空請求などの悪質な料金請求をするところもありますから気をつけましょう。また，突然広告メールが送りつけられてくるなど，迷惑メールが増える場合もあります。さらに，メールアドレスやクレジットカード番号，住所や電話番号などの個人情報を入力するよう求められる場合がありますが，サイトが安全であることを十分確認してから入力してください。大切な情報を盗まれる可能性があります。

（4）有害サイトの存在

　有料ではありませんが，ホームページのなかには，アダルトサイトやギャンブル，自殺，暴力，薬物についてのサイトなど，有害なものもたくさんあります。近年はフィルタリングソフトといって，有害なホームページを遮断するソフトウェアが導入されている場合もあります。しかし，どのような情報を有害と見なして遮断するか，あるいはその精度などはソフトウェアによって異なります。ですから，フィルタリングソフトをいれているからといって，必ずしも安全という訳ではありません。

（5）情報の発信

インターネットの利用方法として，ホームページの閲覧のほかに，電子メールや電子掲示板を使ったり，ホームページやブログを作成したりという使い方もできます。これらは情報を得るというより，むしろ情報を発信したり交換したりという機能です。そういう使い方をする際には，個人のプライバシーを発信したり他人を誹謗・中傷したりしないよう気をつけなければなりません。知らず知らずのうちにそのような情報が発信され，他人を傷つけたり自分が精神的苦痛を受けたりする場合もあります。情報を発信する際には，不特定多数の人が見ているということを十分認識しておいてください。

（6）コンピュータ・ウイルス

インターネット上で情報を検索する際には，コンピュータ・ウイルスの感染に気をつけてください。最新のコンピュータ・セキュリティのソフトウエアをインストールするようにしましょう。

また，コンピュータ・ウイルスの感染に備え，インターネットを利用する端末では個人情報を取り扱うような事務処理を行わないようにしましょう。ウイルスに感染していると，その情報が外部に漏れる恐れがあります。ファイルが破壊されてしまうこともあります。重要なデータは，必ず外部記憶装置にバックアップを取っておくようにしましょう。

上記のことに注意して，インターネットを上手に利用してください。インターネット上には，教育実践事例報告や学習指導案・授業案など現場に直結するような情報もあふれています。また，便利なソフトウエアも無料で提供されています。使い方によっては，すばらしい道具箱となるでしょう。　　　　（山本克典）

40 メリハリのあるおもしろい授業をつくるには

教育実習においては，授業の組み立てやヤマのつくり方が大切だと言われていますが，このとき，最も気をつけなければならないポイントはなんでしょうか。また，生徒たちに興味をもたせ，やる気を起こさせる動機づけの仕方があるのでしょうか。

　授業にメリハリをつけるには，授業の目的の設定が一番大事です。目的が設定できないと，教科書をただなぞるだけのメリハリのない授業になってしまうのです。ここでの授業の目的とは，自分がその授業をとおしていったい何を伝えたいかを設定したものです。それは単に「教える内容をわかりやすく教える」にとどまるものではなく，「『教える内容をわかりやすく教える』目的はなんなのか」を設定したものです。

　たとえば，「光合成をわかりやすく教える」のはもちろん重要ですが，メリハリのある授業をつくるためには，もう一歩進んで「『光合成をわかりやすく教える』ことで，自分は何を生徒たちに伝えたいのか」を設定すべきなのです。たとえば光合成がとてもおもしろい現象であることを伝えたいでも，地球温暖化とからめて植物と光合成の役割を強調しても，光合成の発見までの流れも加えることで科学的な思考を育てると考えてもいいのです。こう考えると，さまざまな授業の目的が設定でき，行われる授業の強調点も変わってくるでしょう。一般的には，指導案における「教材観」がここでの授業の目的にあたると考えられます。

　このような授業の目的を設定しないと，生徒は「いったい先生は自分たちに何を伝えたいのか」を理解できず，授業は「馬の耳に念仏」になってしまいます。教師としても，授業に目的を設定することによって，その目的にあわせてどこを強調したらいいのか，どのような余談をプラスしたらいいのかを決められます。またどのような導入，まとめをしたらいいのかも決められます。なぜなら導入とは，その授業の目的の予告であり，まとめとはその授業の目的の再確認をするところだからです。授業の目的を設定することによって授業にメリハリをつけることが可能になるのです。

つぎに，おもしろい授業をすることについて考えましょう。そもそもおもしろい授業での「おもしろい」とはどういうことなのでしょうか。ここではこの「おもしろい」を，その内容が提示されたときに，好奇心がそそられることだと考えたいと思います。なぜなら好奇心は，人の自発的な行動を導くおもしろさの源と考えられてきたからです。心理学の研究者は，好奇心がどのように引き起こされるのかを研究してきました。そうして，明らかにされたのは，「好奇心はすでにもっている知識と新しく入ってきた情報とに最適なズレがあった場合に引き起こされる」ということでした。

たとえば，生徒がすでによく知っている内容を教えたとしても，生徒たちはまったく好奇心を引き起こさないでしょう。既存の知識と授業の内容にまったくズレがない状態です。「1＋1は2です。わかりましたか？」と言っても，だれもおもしろくないのです。また，教科書を教えるだけではおもしろい授業にはなりません。「あの先生は教科書を教えるだけだから，後で教科書を勉強すればいいや」と思われたらダメなのです。おもしろい授業をするためには，生徒がもっている以上の知識もしくはその知識をくつがえすような内容を提供する必要があります。そのためには，当たり前のことですが，深い知識を得るための十分な予習が必要であるということです。たとえばペリーが黒船に乗って1853年に浦賀に来て，その1年後に再び浦賀に現れるまでに何をしていたのかを教えることで（＝実はずっと日本にとどまり，各地を視察してまわっていた），生徒たちをおもしろがらせることができるのです。

さて，生徒の知らない知識だからといって，生徒自身にまったく関係がなければ好奇心を引き起こすことはできません。既存の知識と新しい知識にズレが大きすぎる場合です。「へぇ！」とは対極的に，「それがどうしたの？」と思われたらおもしろさも感じられないのです。このような場合には，そのズレを埋めるために，新しい知識をより生徒に関係させ，身近に感じられるようかみ砕いて説明する必要があります。授業において身近な例やたとえ話を使って説明するのは，ズレをより小さくして，好奇心をひき起こすためなのです。

（杉浦　健）

［4］ 授業を行う

41　授業のやり方

自分の考えているような授業を，実際にやらせてもらえるのでしょうか。それとも担当の先生の教え方をそっくりまねたほうがよいのでしょうか。突然教え方が変わったら生徒が戸惑ってしまうと思うのですが。

　担当の先生（や学校）の実習生指導の基本的な方針（志向性・タイプ・方式）で大きく二つの場合が想定されます。

　まず，先生（や学校）の実習生指導の方針が，先生のやり方を"まねる"ことから入るという方式の場合を考えてみましょう。

　この場合，実習生が，《まず，まねることから学んでいく》という方式の意義を十分理解・納得する必要があります。いわゆる《型から入る》という考え方です。教壇で教えるという技術も，やはり ①よく観察する，②まねてみる，③自分で工夫してやってみる，という三つのステップを踏んで自分のものになっていくという考え方です。

　この方法は，自分の工夫の余地がないような気がして，なじめない実習生もいますが，最初の段階では，しっかり観察して，まねて，盗み取ることに専念すべきです。この方法のメリットは，確実に基本的な技術が知らず知らずのうちに身につく点にありますから，それを楽しみに日々，精進することです。そして，1日も早く，自分自身で工夫してみる段階に進むことの「GOサイン」をもらうことです。

　もしも，先生の授業のやり方で，納得いかない点があるとき，率直に質問したり，自分の意見を言ってみるべきでしょう。ただし，この方式の場合，言われなくても自ら気づくことが期待されている場合が多いので，判ってくるまでまねてやってみることや，質問する場合も，なぜ先生はそうしているのか，自分なりの答えを用意しておく必要があります。先生方は，一つひとつの選択にきちんとした理由をもっておられるものです。

　つぎに，最初から，かなり実習生に自力でやることを求める方式の先生（や学校）の場合を考えてみましょう。

この方式にめんくらってしまう実習生もいるようですが，この場合，まず，先生に，押さえるべき事項や進度上の制約など，実習生のほうから，進んで質問することが大切です。そして，指導案ができたら，自ら相談に行くべきでしょう。そうすれば，やり方が突然変わって生徒たちが戸惑うこともないでしょう。また授業が終わったら，結果を報告に行くべきです。
　いわゆる，ホウ・レン・ソウ（報告・連絡・相談）を，タイミングよく行うことが，この方式を成功させるコツです。また，ひそかに，先生方や，ほかの実習生の技を参観して盗み取るくらいの迫力が必要です。
　ところで一見楽しそうに見える，この方式のデメリットは，勝手な我流の授業に終わって，教師としての基本を学びそこねる者も出てくる点です。心して自ら進んで先生の指導を受けましょう。
　どちらの方式にせよ，実習も終盤になると，実習生が，これまで暖めてきた授業構想を思い切りやれるチャンスが許される場合が多いようですが，学校側（先生の側）は，その実習生の成長ぶりを見て，その時期，その回数，その裁量の範囲の判断を下すのです。
　さて，「思いきりやってみろ」との「GOサイン」が出たら，大学で学んでいる青年らしく，のびのびと，これまでの教職課程や専門での学びを，生徒たちにぶつけてみることです。今日の，受験体制の大枠のなかで学びを見失いがちな生徒たちに，学ぶことの意味や楽しさを感じさせるような授業を展開したいものです。
　また指導の先生も，大学で最新の知識を得ている実習生から，新鮮な刺激を受けたいと心の底で期待しているにちがいないのです。　　　　　（林　義樹）

42 発問の工夫

発問は授業を活発にする重要な手段だと思いますが，どのような発問をしたらよいでしょう。あらかじめ発問項目や発問文をつくっておくようなものでしょうか。

　発問の工夫を考えるにあたって，そもそも質問（授業での質問はしばしば「発問」といわれます）はなんのためにするのかということを押さえておきたいと思います。発問にはさまざまな目的があります。たとえば復習や授業内容の定着の確認だったり，疑問をもたせることで生徒に自ら考えさせたり，クラスで意見交換をさせたり，謎解きにすることで興味をひきつけたり，クラスを和ませたりと，時と場合，目的に応じて使い分けることになります。

　いずれの目的にせよ発問は，生徒を授業に参加させて，生徒が自分で動いたり，考えたりすることで，より内容の定着を図るために行われるものです。発問の工夫にあたっては，その発問が生徒を参加させられるものになっているか，学習内容を定着させる役割を果たすものになっているかを考える必要があります。質問のように，指導案の段階で発問はセリフにしておいて，それらの役割を果たせるものになっているかどうか確認しておくといいでしょう。あいまいな発問を用意しても，うまく生徒を参加させることができません。

　では，発問はどのようにつくったらいいのでしょう。そのコツを一言で表すなら「まず答えありき」ということです。授業をするときは，発問をして，それに対して生徒が答え，それに応じて解説をするというプロセスを経ます。そのため正直に発問をつくろうとすると，「この計画だと，このあたりでそろそろ生徒も退屈になってくるだろうから，発問をしよう。どんな発問をしようか」と考えがちですが，そのような「まず発問ありき」ではよい発問はつくれません。よい発問は，まずよい発問ができるような「答え」があるのです。

　たとえば，「家康は1603年征夷大将軍となって江戸に幕府をひらきました。江戸時代の幕開けです。さて，ここで質問です。家康はどのくらい将軍職に就いていたでしょうか」（しばらく生徒の答えを聞く。ノートに書かせてもいいでしょう。）生徒：「10年」「20年」「50年」など。「じつは，たったの2年なんです。

驚きですよね。なんでそんなに簡単にやめてしまったんでしょう」「じつは，家康が将軍を辞めたのには理由があるのです」「将軍の地位は息子の秀忠にたくされたのですが，それは，将軍職が徳川氏のものであることを既成事実として諸大名に示すためであり，また家康自身も後ろ盾となって独自で活動するためだったのです」。これがよい例としてあげられるのは，発問のネタになる事柄，つまり発問に対する「答え」を適切に選べているからなのです。これらの内容は，発問を行わなくても興味深くおもしろい内容です。長い間権力をふるったように思える家康が，じつはたった2年で将軍を退いていたという，「あれっ」と思わせる内容になっています。そして，それを説明することによって，「へぇ，そうだったのか！」を感じさせることができているのです。このような発問づくりのネタを仕入れるためには，教材研究をしながら教師自身が「これはおもしろい」「これは大事」「へぇ，そうだったのか！」「これは知らなかったな〜」と感じることが大事です。教師がしっかり「学ぶ」ことで，発問づくりの第一歩がはじまるのです。

　ネタとなる内容が見つかったら，その内容が答えとなる，生徒が深く考えられるような発問を考えます。そのとき，「なぜ」と問いかける発問は，生徒にぜひ考えさせたい発問なのですが，正直に「なぜですか」と問いかけるだけでは，限られた生徒しか答えられず生徒を授業に全員参加させることができません。たとえば，「なぜナチスはユダヤを虐殺したのか」という問いは，考えるべき問いであるとはいえ，ほとんどの生徒は答えられません。それらのストレートな問いは，生徒が答えるべき問いというよりは，教師がわからせるべき学習目標といってもよいでしょう。たとえば，授業のはじめの問題意識をもたせるために使ったり，最終的に理解してほしいことを提示するときに使ったりします。もし生徒を授業に参加させたいと思ったら，そのままのかたちで発問するのではなく，生徒が参加しやすいかたちへの「問いの転換」が必要です。

　生徒が参加しやすい発問をつくるために非常に有効なのが，「ゆれのないもの」を答えにするという方法です（『AさせたいならBと言え』岩下修，明治図書）。ここではゆれのないものを答えにする発問を「ゆれのないもの発問」と名づけましょう。ゆれのないもの発問は，答えを明確な事物にする方法です。

まず生徒に明確な判断をさせて、その理由を問いかける方法といってもいいでしょう。答えになるのは、人や物、数字、色、もしくはYESかNO、AかBか、などです。先ほどの家康が将軍職にあったのは何年という問いもこの「ゆれのないもの発問」になっています。

たとえば、「なぜナチスはユダヤを虐殺したのか」をわからせたいとしましょう。そのためには、まず当時の社会的背景をしっかり理解させることが必要です。当時のドイツが第一次世界大戦敗戦による多額の賠償金に苦しんでいたこと、ユダヤがドイツで比較的裕福な暮らしをしていたこと、ナチスを支持した若者たちが失業で苦しんでいたなどです。ですが、だからといって「当時の社会的背景はどうだったのだろう」「当時のユダヤ人はドイツでどのような立場にあったのだろう」と正直に聞いても、生徒は答えられないでしょう。そんなとき、「ナチスを支持したのはどんな年齢層か」や「当時ユダヤは貧乏だったか、裕福だったか」など、年齢層やYESかNOを選択肢にした「ゆれのないもの発問」をするのです。これならすべての生徒がとりあえず判断することが可能になります。判断したということは本人のなかにはそれなりの理由があるのですから、考えることが容易になるのです。なぜなら、この場合、答えは自分の内側にあるからです。「なぜ若者がナチスを支持したのか」は、正解のある問いであり知識がないと答えるのがむずかしいのに対して、「あなたはなぜ若者がナチスを支持したと判断したのか」は、正解のない問いであり答えるのがより容易です。そして後者の場合は、その判断があっているかまちがっているかは問題ではなく、どう答えたとしても理解を進めることができるのです。

なお、YESかNOの問いや、AかBかの問いは、全員に考えさせ手をあげてもらうことで、授業に生徒全員を参加させられる問いでもあります。また家康の将軍在位の例などでは、数字を選択肢にするとき、ノートの片隅にでも予想を書かせ、机間巡視のときに正解や予想外の数字を書いている人をチェックして発表させるのも効果的でしょう。

発問の工夫は授業に生徒を参加させ、授業を活気あるものにする重要な役割をもちます。十分な準備を行い、実際に授業で反応を見てみて、改善をしていくことが必要でしょう。

（杉浦　健）

43 授業中の言葉遣いについて

私は関西出身なのですが，授業中の言葉遣いは関西弁でもよいのでしょうか。標準語のほうがよいのかもしれませんが，生徒と打ち解けられないのではないかと思います。

まず，標準語について説明します。標準語はその国（またはその社会）で言語の規範として尊重され，公用語として用いられるものです。日本では明治時代に，東京の山の手地域で使われていた言葉を基礎とし，若干の修正・整理を加えて標準語を整えました。官公庁の発行する各種文章や当時の小学校における国語の教科書などに使われていました。しかし，第二次世界大戦以後は，国として標準語を使おうという政策は行われなくなりました。さらに，各地の方言を見直す動きが現れたりして，国家が特定の日本語を標準と規定することに否定的な考えが生まれました。

そこで登場したのが共通語です。これは全国的に共通に理解しあえる言葉という意味で，標準語とは区別しています。教科書などに載っている言葉や全国ネットのテレビやラジオ放送のアナウンサーなどが使用している言葉です。標準語は人為的に整備された言葉ですが，共通語は実際に使われている言葉です。標準語には統制的意味合いも含みますが，共通語は自然発生的にできた言葉で，固定されたものではなく変化しつづけます。現在の日本には標準語という概念は存在せず，共通語というのが一般的です。

さて，授業でどのような言葉を使ったらよいのかということですが，これはかなりむずかしい問題だと思います。共通語の大きな特徴は，それが圧倒的に書き言葉偏重であるということです。話し言葉については，発音やアクセントなどの面で，まだまだ共通であるとはいえません。ですから，共通語で話しているつもりでも，実はかなり違っているという場合もあります。

つぎに，授業を方言で行うことを考えてみます。たとえば，実習校が関西にあり，その地域の関西弁で児童生徒に語りかけると，打ち解けやすいし親近感もわくでしょう。教室でのよそよそしい雰囲気も和らぐかもしれません。その地域の方言での交流は，共通語では表現しにくい微妙なニュアンスを伝えるこ

ともできるでしょう。しかし，実習校が関西ではない場合はどうなのでしょうか。そのような地域で関西弁を使うと，逆に微妙なニュアンスを伝えることができず，児童生徒との間に溝ができてしまうかもしれません。こんな場合は，共通語を使ったほうがいいと思います。

　児童生徒も一個人ですから，先生と児童生徒の関係は相互に自立した個人同士の対等な関係のはずです。そのような関係を築くためには，共通語で話をしたほうが適していると思います。また，より広い社会におけるさまざまな関係を理解させる際や抽象的な思考を形成させようとする際などにも，方言を使って授業を行うことには限界を感じます。さらに学校教育法では，義務教育で行う教育の目標の一つとして「生活に必要な国語を正しく理解し，使用する基礎的な能力を養うこと」を掲げていますから，共通語の習得は学校の役割の一つです。したがって，教育実習でも共通語を使って授業をすることが基本ではないかと思います。

　ただ，授業というのは一本調子でずっと続くわけではありません。教師はクラス全体の児童生徒に発問を投げかけたり，個々の児童生徒に質問をしたりします。それぞれの児童生徒は，自分なりの考えを探り出そうと考えたり，クラス全体で共有するための意見を発表したりします。方言というのは，その地域に合った生活からにじみ出てくる生活語です。ですから，自分の生活体験などから情報を探し出そうとすると，児童生徒は自然に方言を使って考えることになります。また，それをクラス全体で共有しようというときには，共通語を使ったりします。このように，授業のなかで使う言葉も，一本調子ではなくさまざまに変化します。

　このように考えますと，教育実習中の授業での言葉遣いは，こうしなければならないというものではありません。大事なことは言葉遣いではなく，その授業で何を伝えたいのか，何を考えてもらいたいのかということなのです。そのためには，児童生徒に何をどのように語りかければよいのかを考えることが大切であり，その表現にふさわしい言葉を選ぶことが大事なのです。方言と共通語，授業中の言葉遣いはどちらでなければいけないと決められるものではありません。

(山本克典)

44 実験・実習授業の効果的な行い方

実験や実習の授業は普通の講義式の授業に比べてむずかしいと聞きました。実験や実習の授業を成功させるためには，どのようなことに気をつけたらよいのでしょうか。またうまくいくためのコツはあるでしょうか。

　理科の実験や，技術や美術などの実習系の授業は，講義型の一斉授業よりもずっとむずかしいものです。実験・実習の授業は動きがあるために，うろうろしたり，道具を触ったりして落ち着かないのと，グループで生徒同士が余分な話をしてしまうことが多く，授業を進行にさまざまな困難があるからです。教育実習生もよく苦労するのがこの実験，実習授業なのです。

　実験や実習の授業を成立させるには，授業で起こりうることに対しての事前準備が何よりも重要です。ここではどのような準備をしたらいいかを中心に述べていきましょう。

　まず導入ですが，実験や実習では，教師がクラス全員の生徒に対して直接働きかけられるのは，この導入部分だけと思っていいでしょう。導入で時間をかけすぎると，実験や実習の時間がなくなってしまいますし，かといっていきなり実験や実習をはじめても，生徒たちは何もわからず動くことができないのです。そのため，いかに手短かに，実験や実習の目的と手順を伝えるかが重要になってきます。実験にせよ，実習にせよ，授業の大半は生徒たちが自分たちで進める活動ですから，なんのために行っているのかを意識させないと，活動の途中で生徒たちが何をやっていいのかがわからなくなってしまうのです。

　また導入段階では，実験道具や実習の材料にはできるだけ触らせないようにしましょう。そちらに注意が向いてしまい，指示が入りにくくなるからです。危険な薬品や火を扱うこともありますから，それらを不用意に触ったりすることも問題になります。危険なものは説明が終わってからわたすことを心がけてください。安全についての注意も十分行うことが必要でしょう。

　実験や実習がはじまってからは，その最中に指示を出すことは最小限にとどめておきましょう。なぜなら，それぞれの活動をしている生徒たちに指示をいきわたらせるには，思った以上に時間がかかるからです。どうしても指示を出

さなければならないときには，生徒たちの活動をいったんとめ，全員を注目させて，十分静かになってからです。そうでないと，全員に指示がいきわたらず，何度も同じ指示を繰り返さなくてはならなくなってしまうのです。

　実験や実習中には，個別もしくはグループに対しての指示や支援ができるように，準備に十分な時間をかけて，余裕をもって授業を進行できる状態にしておきましょう。不十分な準備で授業を進行させるのに汲々としていたら，生徒への個別対応も手が回らず，てんてこ舞いになってしまいます。さまざまなことを準備段階で想定に入れ，それに対する手立てを前もって考えておきましょう。事前に自ら実験や実習の内容を行って，どんな問題やつまずきが起こりうるか予想して，それに対する対処も考えておきましょう。それでも想定外の出来事は起こりえますが，それに対して対応できる余裕を残すために，想定の範囲内をできるだけ広げておくことが準備段階で求められるのです。

　私が参観したある教育実習生の研究授業では，すべての実験手順が前もって黒板に書いてあり，生徒たちはいつでもその手順を確認することができました。このように手順は板書やプリントなどに明示し，授業中いつでも参照できるようにしておくとよいでしょう。いろいろな生徒からの質問に個別に答えなくて済み，余裕をつくることができます。生徒が質問してきたとき，その一人ひとりにいちいち説明しなければならないのと，「黒板に書いてあるよ」と言えるのとを比べたら，後者のほうがずっと余裕が生まれるのはすぐわかるでしょう。また実験や実習の授業では，必ず生徒たちの進度に差が出ます。そのときのことも準備しておきましょう。可能なら，教えあいを導入しましょう。教える経験をもつことで生徒自身の理解が深まることもあります。

　授業のまとめでは，実験・観察レポート，実習の感想などを書かせて，振り返りをさせることも大事です。とくに理科の実験や観察では，科学的な思考を育てるためにも，目的や方法，結果と考察などを生徒たちが正しく書けるような，またその時間中にレポートが書けなくても生徒たちが独力でもある程度書けるような，しっかりとしたレポート書式を準備しましょう。

　いずれにしても，十分な事前準備による余裕をつくることが実験・実習授業を効果的に行う一番のコツといっていいでしょう。

（杉浦　健）

45 指導案どおりに授業がいかないとき

指導案をつくっても，生徒から質問がでたり，説明に手間取ったりして，指導案どおりに授業が進まないときがあると思いますが，それでもよいのでしょうか。

（1）なぜ指導案をつくるのか

ベテランの教師ならば長い間の経験の積み重ねによって，たとえ授業計画がなくとも，1時間1時間の授業を実にスムーズに展開することができることでしょう。ベテランの教師には，その時間の目標・教材観（単元・主題の設定理由および背景）はもとより，目の前にいる生徒一人ひとりの学力や性格，一人ひとりの生徒が育ってきた家庭的・地域的環境，生徒一人ひとりがこれまでに体験してきたさまざまの事柄，またクラス全体の雰囲気が把握されているのです。

しかし教育実習生の場合，事情はまったく異なります。各学校の教育目標，教科・領域の目標くらいはなんとなくわかっているとしても，担当するクラスの性質や一人ひとりの生徒の性格や家庭環境などはまったく知らないわけです。にもかかわらず，教育実習期間中には複数のクラスの教壇に立ち，数多くの生徒に接し，正規の授業時間に授業を行わなければならないのです。教材観や目標を明確にしたうえで「導入→展開→まとめ」を行わなければならないのです。

教育実習生は，たしかにまだ「学生」ではあります。しかし，少なくとも実習期間中は生徒にとっては「先生」なのであり，「○○先生の授業」として1コマ1コマの授業を受けているのです。学習指導案は授業の計画書であり，実習生が授業を実施するうえでのよりどころです。教科指導教諭・学級指導教諭による助言・指導をうけ，用意周到な指導案を前もって準備しておけば，当然授業はやりやすくなります。明確な教材観と目標をもち，担当クラスの性質を把握し，そして何よりも，教師＝実習生の1時間1時間に対する願いがあるならば授業は充実したものとなり，授業に対する生徒の理解，教師＝実習生に対する信頼感もまた深まるのです。たんにスムーズな授業をするためだけではなく，授業に対する生徒の理解を深め，生徒と教師＝実習生のよりよい関係を構築するためにも，周到な指導案の作成が望まれるところです。

（２）指導案どおりに授業がいかないとき

　とはいっても、さまざまな個性をもつ数多くの生徒の前に出て馴れないことをする以上、思いどおりに授業が進まないのはむしろ当然のことなのです。ただでさえ緊張しているなかで、生徒から不意に質問、それも即座に答えるのに窮するような質問を受けることもあるでしょう。時間をかけて準備し、頭のなかでは十分に理解しているつもりの説明が思うようにできず、生徒にわからせることがままならないこともあるでしょう。生徒の私語などにより授業が妨害されることさえあるかもしれません。このような場面に立ち会うことになったとき、実習生はどのように対処したらよいのでしょうか。

　まず、指導案はあくまでも「案」、つまり「計画」なのであり、授業が「計画」に基づいて行われるべきであるとしても、場面場面で臨機応変の処置が望まれるのはいうまでもありません。

　生徒の質問は授業にとって最も大切にされなければならないものです。「展開」や「まとめ」のなかに質問を受け付ける時間を設けることも無論大切なことではあります。しかし生徒は疑問に思ったことをすぐに質問し、その質問に対して即座の回答を望んでいるものなのです。たとえ説明の途中であっても、一つひとつの質問に対してわかりやすく丁寧に応じるべきでありましょう。ただし、質問に対しその場で正確・明確な回答ができない場合には、生徒にその旨をはっきりと告げ、次の授業で必ず答える必要があります。質問に対してその場で即答できればもちろんそれに越したことはありません。しかし、正確・明確な回答ができそうにないときには、うやむやな回答をすることでその場を切り抜けるなどということは絶対にしてはなりません。

　時間の配分に関しても、たとえば導入に時間がかかりすぎてしまい、指導案で予定していたとおりにいかないのならば、「展開」なり「まとめ」の段階で時間を調節する必要があります。

　さらには、教材ないし説明に対する生徒の理解が指導案において予想していたよりも困難であると思われる際には、予定を変更してでも、時間をかけて指導するべきです。

　また、50分の授業は、緊張して教壇に立っている実習生にとってはあっとい

［4］授業を行う　　105

う間のことであっても，生徒にとってはあまりにも長く，退屈してしまうこともおおいにありうることです。退屈させない授業が展開できれば無論それに越したことはありません。しかし授業の雰囲気を和ませるためにも，たとえ指導案のなかに予定されていなくとも，ユーモアを交えたり雑談を適宜に挿入することは決して悪いことではないのです。

　多くの生徒のなかには学習意欲に欠けていたり，授業態度に問題のある生徒もいます。平気で遅刻をして来たり，教科書なしで授業に出席したり，私語をしたり，なかには授業中に弁当を食べ出す生徒さえいるかもしれません。このような生徒に対しては，たとえ指導案の進行状況が気になるにしても，必ず注意を促し，指導に努め，授業に参加させなくてはなりません。授業を滞りなく展開させるためには，教える側と教わる側が互いに授業を成立させる努力をしなければ望めるものではないのです。

　教育実習生の行う授業に紆余曲折や頓挫はつきものです。大切なのは，どのような授業が行われたにせよ，授業後に指導教諭やほかの実習生の意見・助言を積極的に求め，至らなかった点を反省し，修正していくことなのです。1時間1時間の反省はつぎの授業の計画と実践につながるものなのです。逆にいえば，1時間1時間の反省のないところに，つぎの授業への計画は，そしてもちろん実践はありえないのです。指導案を作成することは，やり終えた授業を整理し，つぎの授業に活かすという点においても重要な意味をもっているのです。

（黒澤英典・金田健司）

46 生徒の答えへの対応

生徒に発問するとき，あらかじめ何通りかの答えを予測しておくべきだと思うのですが，まったく予想外の答えが返ってきたら戸惑うのではないでしょうか。どうしたらよいですか。

おっしゃるとおり，発問に対する答えは指導案作成の段階で予測しておくべきです。しかし，やみくもに予測を行っても，生徒の答えへの対応がうまくいくわけではありません。答えの対応をうまくこなし，生徒が参加できるよい授業をするためには，的確な発問づくりを行っておく必要があるのです。

学生に指導案を書かせると，生徒の反応の予想ができませんという人がいます。しかし，これは反応を予測できないのではなく，じつは，求めている正解を答えてくれなかったら先に進めないということをいっているのです。

たとえば，「豊臣秀吉はなぜ検地を行ったのでしょう。」という発問を生徒にすると計画したとします。それに対して誰も手をあげなかったら，しかたなくクラスで一番優秀な生徒に当て，なんとか答えてくれる。「そうですね。秀吉が検地をしたのは，○○さんが言ったとおり，……」と授業が進むと予想します。もしこんな授業をされたら，出来の悪い生徒は，出来のいい生徒ばかりいい思いをしてと感じて，自分は関係ないとばかりそっぽを向いてしまうでしょう。そんな生徒が増えれば，授業は次第に成立しなくなってしまいます。

生徒の反応や発言は，実際の生徒の状況を想像して，現実的に，もっというなら悲観的に予想したほうが実際の授業のときうまくいきます。小学生ならいざ知らず，中高生になると積極的に手をあげて発表するということは少ないでしょうから，とくに悲観的に予想することが必要です。これは発問に限らず，さまざまな働きかけをするときにもいっしょです。たとえば美術の時間で，さあ，自由に絵を描きましょう，と教師がいったら，「はーい」と生徒が答えてみんなが一生懸命絵を描きはじめるなどといった予想をした際には，実際の授業はほとんどなりたたないでしょう。むしろ，誰も描きはじめられない，どうしよう，という悲観的な予想をして，それに対して生徒が描けるようにどんな働きかけをしようかといった計画を立てるのです。

生徒の反応予想をするようにといいますが，実際のところ，どんなに経験を積んだとしても生徒の反応を100％予想することなど不可能です。そうであるなら，むしろ生徒からどんな反応が返ってきたとしても，それが内容理解の助けとなり，授業を滞らせずに進めることのできるような発問を考えたほうが生産的でしょう。生徒を授業に参加させるためには，もっと生徒がどんな答えをいってきてもいい，どんな生徒の反応も余裕をもって楽しめるそんな許容範囲の広い発問が必要になるのです。

　たとえば，質問42の「発問の工夫」で書いたような「ゆれのないもの発問」の場合，生徒がどんな反応をしてもまごつくことなく，その反応を活かして解説を行えるでしょう。家康の将軍在位は何年（2年が答え）という問いは，たとえ答えがまちがっていたとしても，その理由を聞くことで，正しい答えがより印象に残るのです。「ゆれのないもの発問」は，生徒の反応の許容範囲が広いのです。対照的に，単に知識を問うような問題は，答えの許容範囲が狭いことになります。生徒は，正答を言うか，「わかりません」しか許容される反応がないのです。もちろんそのような問いも知識を確認したり，復習をしたりするときの目的には使えますが，生徒の意見から授業内容を広がりのあるものにしたいときは，単なる正誤の問題をさけて，できるだけ多様な考え方ができ，まちがいを許せる発問を用意すべきでしょう。

　もちろん，それでも予測外の答えが返ってくることもあります。実際に戸惑うことも多いだろうと思います。授業は計画どおりに粛々と進めていくものではなく，その場で起こることに臨機応変に対処しながら生徒とコミュニケーションをとって進めていくべきものなのです。

　もし十分に吟味した発問をしても，予想外の答えやまちがいが出てきたときは，どうしてそのような答えになったのか，生徒の思考のプロセスを確かめ，皆の理解を進めるまちがいにできないかを探ってください。生徒の予想しない答えや疑問には，しばしば理解を進めるヒントが隠されているのです。発問は生徒を授業に参加させ，理解を進める重要な役割を果たしていますが，単に正答することを追い求めるのではなく，まちがいを許し，まちがいから学ぶことのできる授業の計画と実行が大事だと思います。

（杉浦　健）

47 質問に答えられない場合の対応

生徒に予想外の質問をされて答えられなかったら，実習生としての信用や沽券にかかわるのではないかと心配です。答えられない場合はどうしたらよいのでしょうか。

　日本の中学校や高校では，授業中に生徒が教師に積極的に質問することは一般的にいって，それほど頻繁にはありません。しかし，よい先生ほど生徒が質問しやすい授業づくりをされていますので，そのようなクラスでは，実習生にも生徒はよく質問するでしょう。

　生徒からの質問には，教科を教えるものとして当然求められる力量が試されるものがあります。たとえば，英語の実習授業で次のような経験を日誌に書いている学生がいます。

　「教室で生徒の日常生活を題材とした英会話のやりとりで，生徒からの突然の質問に答えるのがむずかしい。すぐに英語で受け答えをし，なおかつ生徒にわかるような簡単な英語のボキャブラリーの少なさを感じました。」

　「英語のペアワークの際，生徒に質問されたときにとても戸惑ってしまった。自分がこのようなアクティビティを行う際には事前に生徒から質問されそうなことを予測し，対策を立てる必要があることを実感した。」

　以上のような英語の授業での質問の場面は，教科書の本文を理解・説明できるレベルの英語の学力だけではなく，生徒が日常生活で言いたいことを「わかりやすい英語で表現できる」レベルの英語の実力を，教育実習生が身につけているかどうかが試されている場面といえるでしょう。

　また，社会科などでは，よく教科の実習指導を担当しておられる先生からいわれることとして，実際に1時間の授業で教えることの何倍もの知識を教材研究によって身につけておかなければなりません，という趣旨の指導があります。たとえば，実習日誌で次のような指導の先生からのコメントがあります。

　「予想外の生徒の質問がいくつかありましたが，無難に答えられており，良かったと思います。欲をいえば，教材研究のときに，生徒の反応をもっとたくさん予測できると事前に調べておくことができたかと思います。"10調べてそ

のうちの2教える"という心がけでぜひ今後もがんばってください。」

　このように「答えられない質問」がないように事前に教材研究をし，教科の知識を常日頃から身につけていくことが理想であり，原則です。しかし，現実には実習生が答えられない質問が出てくることも少なくないでしょう。その場合の対応について，次のようなやり方が考えられます。

　① 生徒に教えるべき基本的な知識（試験で問われるような重要な知識）を問うものでありながら，実習生が勉強不足で答えらない質問を，生徒からされる場合があります。その場合は，準備不足であることを率直に生徒に伝え，次回の授業がある場合は，それまでに調べて次の授業で答えますというかたちで返答します。次に授業をする機会がもうない場合は，「質問が○○さんから出ましたが，十分に答えられなかったので，解説をお願いしますと教科担当の先生に伝えておきます」というかたちで生徒に返答することが考えられます。

　② 試験に出るような，覚えていなければならない必須の知識ではないけれども，教科内容の理解を深め，好奇心を広げるような質問が生徒から出てくる場合があります。その場合は，まず，その質問が，調べる価値のある「よい質問」であることをクラス全体に説明し，そのような質問をした生徒をほめます。そして，教科書や資料集，参考書を手がかりに，その答えにつながる知識やヒントがすぐにみつかりそうな場合は，授業で生徒に調べる活動をさせます。時間に余裕がなく，簡単には答えが調べられない質問の場合には，生徒にとっても教師にとっても宿題として位置づけます。実習生が次に授業をできる場合と，できない場合がありますので，その後は，①と同じ対応になります。

　たとえば，中学校の社会科の歴史分野で，「欧米の産業革命」の授業をする場合を考えてみます。「産業革命の影響」の内容で，「労働者を安い賃金で働かせたと教科書に書いてありますが，どのくらいの賃金だったのですか」「やがて，労働者を守る法律などがつくられたと教科書に書いてありますが，どんな内容の法律だったのですか」というような質問は，実習生は教材研究で事前に調べて「答え」を知っていることが望まれます。しかし，答えられなかったら，調べる価値のある質問として位置づけ，生徒と一緒に考え，調べる手がかりや方法が資料集などにないか探すように努めます。

（鋒山泰弘）

48 まちがったことを教えたときの対処の方法

授業でまちがったことを教えてしまったら，どう対処するのが一番よいですか。

まちがったことを教えてしまったことに，自分自身で気づいた場合（生徒は気づいていない場合も含む）と生徒に指摘されてはじめて気づいた場合，さらにその気づきがその授業時間内の場合と授業後の場合との組み合せで四つの場合が想定されますが，どの場合もできるだけすみやかに訂正すべきです。

なぜなら，第1に，教師にとっては，生徒に真理を伝えることこそ本質的な使命だからです。自分自身の〝体面〟を守るために，「生徒の教師への尊敬を傷つけてはいけないから」などと勝手な理屈で自己合理化してはいけません。考えてもみてください，もし万が一，あなたに習った生徒が，その誤った知識を使って，失敗をしたり，他人に迷惑をかけてはたいへんです。さらに他人に誤ったまま伝達されては一大事ですし，取り返しがつきません。知識とは，そのように〝一人歩き〟してしまう恐しい面があります。

第2に，教師も人間ですから，まちがってしまうこともあることを率直に認める態度，認め合える雰囲気は，教師も生徒もお互い学ぶ者として，基本的に大切にしたいものです。自分のもっている知識を常に，より正しいものに更新していこうとする姿勢や態度こそ大切です。そもそも，その人の人格とその人のもつ知識とは別ものなのです。知識はより正しいものと，いつでも取り替え可能です。ですから，その人の（自分自身の）知識を否定することと，人格を否定することはまったく別次元のことなのです。自分自身の誤った知識を自ら否定したり，他者の誤った知識の改善に協力することこそ，人格を高める正に人間的な行為なのです。

ところで，訂正にいたるまでの慎重な態度も教師として重要です。上記のような理由で，自分の知識を再点検・再吟味し，修正・否定することは，教師としても人間としても，むしろ立派なことなのですから，あわてずに堂々と行うべきです。

一般にまちがい，すなわち誤謬（ごびゅう）は〝行きすぎ〟に原因があります。どの時点

で行きすぎてしまったのか，飛躍しすぎてしまったのか，確かめてみましょう。
また，一つの判断には，必ず前提（条件）があります。この前提（条件）のとらえ方で答えは変わってくるのです。この前提の確認をおろそかにして，勝手な思い込みでまちがってしまう場合もあります。いずれにせよ，どこでまちがったのか，なぜまちがったのか，どんな思い込みがあったのか，じっくり点検することが大切です。

人間の認識の発展にとって，誤りは不可欠の契機です。誤りのなかにこそ，真理は隠されています。逆に，誤りを一切含まないような知識もありません。客観的な知識自体も進歩し，成長発展するものなのですから，教師が自分自身の誤りに学びながら自己の知識を成長・発展させる姿勢を，堂々と示すことができれば，すばらしいことです。場合によっては，その誤りからの学びのプロセスを，生徒とともにガラス張りで共有化することさえできるはずです。

以上，述べてきたことは，教師がなんの反省もなく，誤りを認めたり，訂正をしたりしてよいという意味ではありません。教師としては，一字一句たりとも誤りを教えないよう，細心の注意，日常の精進を忘れてはいけません。とくに皆さんは，実習生ですから，自分に対して厳しく臨むことは大切な心構えです。

私は，ある東京の社会科の先生が，地理の教科書に書かれている，たった一つの事柄をわざわざ九州のある町まで，確かめに来ておられる場面に出逢ったことがあります。同じ教師として，身のひきしまる思いがしました。

（林　義樹）

49 年間教育計画どおりに授業が進まないとき

実習生もその学校の年間教育計画の一端を担うことになると思うのですが，計画どおりに授業が進まないときは，どうすればよいのですか。実習中にもどうしても進まなければならない範囲・進度はあると思うのですが。

近年では，教員は「シラバス」とよばれる年間の授業計画を詳しく書いたものを作成することが，中学校・高等学校でも普及していますので，実習生としても，実習期間中にどこからどこまで進むのかが，明確に求められる場合が多いでしょう。

まず，事前に教科担当の先生と十分な打ち合わせをして，その学校の年間の授業計画のどの部分を実習生として担当することになるのかをしっかり確認しておくことが必要になります。たとえば，中学校の国語の場合は，教科書の一つの作品を実習期間中に終えることが求められる場合があります。また，実習生が担当する教科内容が，テストや試験に向けて，どのような位置づけをもったものなのかを確認しておくことも重要です。生徒にとっては，成績評価や受験にかかわる問題ですので，実習生としても実習期間中に，これだけの内容は生徒に教えないといけないという自覚をもって単元・授業の指導計画をたてることが必要になってきます。

しかし，実習生が初めて行う授業などでは，まだ1時間の授業でどこまで進めるかについて，十分な感覚をもっていませんので，計画どおりに授業が進まないまま1時間の授業を終えることが少なくありません。毎回の授業で，担当の先生に進度を確認していただき，コメントをもらうことが必要です。授業は生徒との豊かな応答関係が大切なので，計画どおりに機械的に進めばいいというものでもありません。しかし，何回かの授業で，実習期間中に遅れがみえるときは，当然早く教えることが求められる場合もあります。教科担当の先生と相談のうえ，計画どおりに終えるために授業の進行を早めたほうがよいのか，計画どおりに終わらなくても，実習生のペースで進めたほうがよいのかの判断をすることが必要です。

また，授業の進行が計画どおりに進まなかったのは，「良い意味」で進ま

かったのか，「悪い意味」で進まなかったのか，反省してみることも必要です。たとえば，実習生の日誌から次の例を検討してみましょう。

「『正直わからない人はいますか』と聞くと，数名手があがり，手をあげていない生徒もわかっていない反応を示し，細かい部分まで掘り下げて説明をした。結局満足いく説明はできなくて，授業計画予定より遅れてすべて中途半端で終わってしまった。個人個人のわからない箇所に対して答えすぎたのが原因ではないかと考えた。計画に従い全体で説明する場所とそうでない場所への時間配分を頭に入れておくべきだと感じた。」

この事例の場合は，単元計画に基づく毎回の授業のねらいが実習生に十分に意識されておらず，核になる問題と副次的な問題を区別し，整理し，それに応じて生徒の質問に対応できていなかったことが問題であるといえます。それができないまま，生徒からの質問に詳しく説明しようとしたため，授業進行が遅れて，「悪い意味」で計画どおり進まなかった事例です。この場合は，次の授業から，単元計画のなかで核となる問題についてクラス全体に説明し，個々の副次的な質問に対しては，時間が許す範囲で対応したり，あとでプリント資料を作成して答えるかたちなどで，授業の進行を早めていくという方法が考えられます。

「良い意味」で計画どおりに進まない場合としては，生徒からその単元のねらいと関係する「予定外の重要な質問」が出され，それを実習生が取り上げて，説明しようとしたために遅れたというような場合が考えられます。たとえば，中学校の社会科の歴史分野で，「欧米の産業革命」の授業をしていたときに，生徒から，「なぜ紡績工場といった衣服に関する産業から革命が始まったのですか。産業にはほかにいろいろあったと思うんですけど」といった「産業革命の理解を深める価値ある問い」が出されたとします。深い教材研究をしている実習生ならば，この問いに答えようとして説明を展開するでしょう。そして，この説明をいれることで，予定していた進度からは遅れるかもしれません。しかし，この場合は，単元の深い理解につながる生徒の優れた質問に答えようとした「良い意味」での進度の遅れです。もちろん，このことによって生じた遅れをとりもどすことは必要です。

（鋒山泰弘）

50 板書の仕方と間のとり方

黒板のスペースをうまく使って板書ができるか心配です。また板書してから次の作業をはじめるまでの間のとり方もよくわかりません。とくに中学生の場合，ノートに書き写す時間に個人差があると思われますが。

（1）板書計画をしっかりもつ

板書は，生徒の意識を集中させ，理解を助ける重要な手段であり，学習内容の確認のために欠かすことのできないものです。発問や指示に対して生徒から戻ってくる反応を，黒板にうまく集約することで，生徒の学習意欲を引き出し，学習効果をぐんと上げることができますから，ぜひ板書じょうずになりたいものです。

黒板をうまく使いこなすためには，まず，毎時の指導案のなかに板書計画が具体的にしっかり位置づけられていることが必要です。いつ・どんなことを・黒板のどの位置に書こうかということが，授業の展開に沿って自分の頭のなかに予定されているということです。

板書のタイミング・内容・量は，扱う内容や対象の生徒によって当然違ってきます。内容がむずかしく，理解を教室全体で確認しながらゆっくり進める必要がある場合には，説明や発問応答の合い間にこまめに板書することになるでしょう。内容のポイントを強調するだけで，ある程度のスピードで授業を進めていける場合には，まとまりごとに整理して板書すればすむことになります。

一般に，低学年ほど板書の必要性は大きく，その時間の終わりに，黒板の上にその時間の学習内容が整理されたかたちで再現されていれば，理想的だといわれます。思いつきの板書ではとうていこんなことは望めません。一にも二にも計画性が問われてくるのです。

（2）板書の仕方

板書するときは，生徒に背を向けることになるわけですが，できれば，半分黒板に半分生徒に顔を向けるような気持ちで書くとよいでしょう。つまり生徒に話しかけながら書くという気分です。大量の板書を生徒が必死で書き写すというようなことは避けましょう。

技術的なことでいうと，まず，教室のどの部分からもよく見えているか，いつも気にかけていることが大切です。教室の両脇の最前列は，光線の加減で黒板の文字が見えにくいことがあります。また後ろの座席からは黒板の下のほうや小さな文字は見えにくいものです。ときにはカーテンを引いて光線を遮ったり，「ここに書いて見えますか」と念を押したりする心づかいも必要です。

　チョークはしっかり持ち，文字は濃く・大きく・ていねいに書きます。急いで書くときも，略字や自己流のつづけ字などにならないよう気をつけます。色チョークは，強調や整理に有効に使えます。黄色がいちばん目立ちやすく，つぎは赤です。青・緑・紫などは非常に見えにくいので，乱用は避けます。

　教室中の生徒の見つめるなかでの板書は，慣れないうちはとても緊張するものです。文字だけではなく，図解が必要な場合もあります。物体の形や表・グラフなどを大きく正確に書くことはなかなか大変なことです。板書の態度があまりにも自信なさそうだったり，書いたものが稚拙すぎたりすると，生徒の信頼を失うことにもなりかねませんから，前もって練習するなどして，自信をもって堂々と板書できるよう心がけたいものです。

（3）間のとり方

　黒板を使って説明しているときには，生徒に顔を上げて黒板をよく見るよう指示します。説明の区切りのよいところで，ノートに写す時間をとるようにするとよいでしょう。

　生徒が板書を写す時間は十分とるよう心がけます。かなりの量をまとめて写させる場合には，机間巡視をして，作業が順調にいっているかどうか確かめます。遅れがちの生徒には励ましの声をかけ，集中できない生徒には注意します。「書けましたか」と全員が書き写したことを確認できるとよいのですが，ときには全員そろうのを待てないこともあります。その場合には，板書を消さずに残しておくなどの配慮も必要になります。

　とくに板書を写すための時間をとらず，授業の流れに沿って書き写させている場合でも，生徒の様子を注意深く見ていて，ペースを落とすなど，生徒が記録するゆとりを与えることが大切です。

（粉澤瑛子）

51 授業中に時間が余ったり，足りなくなったとき

授業中に時間が余ったり，また逆に足りなくなった場合，どうすればよいのでしょうか。

　実習生が初めて行う授業などでは，まだ1時間の授業でどこまで進めるかについて，十分な感覚をもっていません。その結果，予定よりも早く授業が終わり，残りの時間に何をしたらよいのか戸惑ってしまい，同じ説明を繰り返してみたり，逆に，時間が足りなくなって，中途半端な終わり方をすることはよくあることです。

　事前に授業計画を綿密に立てておくことが前提ですが，実際に授業をしないと感覚がつかめないことも多いので，時間が余ったり，足りなくなったりすることは，当然起こりうることとして準備しておく必要があります。

　予定していた授業計画が早く終わり，残りの時間が5分ほどある場合を考えてみましょう。この場合，中途半端に次の内容に進むよりも，その授業で教えたことをもとに，短時間で生徒が復習したり，少し発展的に考えることを促す練習問題を与える方法が考えられます。このような練習問題は，時間が余ったときに使うことを想定して事前に準備しておくことが必要です。たとえば，その授業で扱った内容に関係する入試問題の事例を準備しておくことが考えられます。

　逆に時間が足りなくなったときは，次回以降の授業で遅れをとりもどす必要があります。残りの授業回数から逆算して，指導計画を修正します。その際に，時間が足りなくなった原因を反省する必要があります。たとえば，高校の日本史で実習授業をした学生の次のような反省があります。

　「鎌倉新仏教の各宗派の詳しい説明よりは，他宗派との相違，比較を浮き彫りにするほうがポイントだったように思う。わかりやすく詳しい説明をしようとしたことが逆にマイナスだった。」

　この実習生の場合，1時間の授業内容の「幹」にあたる部分と「枝葉」にあたる部分が，授業計画で整理されていないことが，時間が足りなくなった要因です。「幹」にあたるのは，鎌倉新仏教の全体としての共通する歴史的特徴で

あり，各宗派を比較するときの観点です。「枝葉」にあたるのは，各宗派の特徴を知るための具体的な知識です。後者の内容に，こだわりすぎると1時間では終わりません。まず「幹」にあたる部分を生徒にわかるように説明することに時間を使うべきです。そして，もし時間が余った場合に，各宗派の特徴的なエピソードを紹介することが考えられます。先にも述べたように，時間の関係で授業で実際に使うことができるかどうかはわからないけれども，時間が余った場合には，このエピソードを紹介しようというかたちで，事前に準備しておくことが実習生に求められます。

　また，生徒同士のグループワークやアクティビティなどを授業展開のなかに位置づけた場合，自分が考えた課題で，生徒間でのやりとりがどの程度続くのかが十分に予測できない場合があります。たとえば，英語の授業のグループワークで思っていた以上に生徒同士の英語でのやり取りが続き，盛り上がっている場合は，時間を区切って，終わる指示を与えることで時間調整は可能です。しかし，逆に予定していた時間ほどには，生徒同士の英会話が続かずに，終わってしまい，時間が余ってしまう場合があります。このような場合は，実習生としては，あせってしまいますが，そういうことになることも想定して準備をしておくことが必要です。たとえば，生徒同士の会話が続かないようならば，会話を続けるためのヒントとなる活用できる単語のリストを準備しておいて，それを事前に準備して途中で配ったり，単語リストの表を黒板に掲示して示すことで，生徒が英会話のアクティビティを続けていくことのできる情報の補充をすることが大切です。

　また，教育実習の最初の1週間で行う教科担当の先生方の授業の観察によって，このクラスでは，このくらいのレベルの課題では，おおよそ，このくらいの時間がかかっているということを，しっかりと記録にとって，そのデータをもとに自分の担当する授業の指導計画を練ることも大切です。　　　　（鋒山泰弘）

52 生徒が騒いだ場合の対処

授業中に生徒が騒いだ場合，どう対処したらよいですか。頭ごなしに「静かにしろ」と言うだけではすまないと思うのですが。

教育実習生が陥りやすい第1番目は，自分の授業実践の未熟さを責めることにより，一人でその問題をかかえこんでしまうことです。

協業と個業を自覚し，学校組織全体で協議し対応する場合と，個人が改善し努力しなければならない場合があります。

高校においては，課題集中校においてその傾向が顕著になります。また，公立小・中学等では生徒の学力的なばらつきがあり，理解不足から授業に集中できない生徒などが一般的です。

しかしながら，授業中に生徒が騒ぐということは，学校現場では日常的なもので特殊な事例ではありません。

(1) 指導教員への率直な事実の報告と相談

授業のなかで生徒が騒いでおり，それが一時的なものではなく，授業の継続が困難と思われるときは，その現状の報告と対応について相談することです。

教育実習生は，実習校での在籍期間が短いため，実習生の個人的な要因だけでなく，そのほかの背景がある場合もあります。それらのアドバイスをもらうことは，その後の授業実践に役立つと思われます。

次にその要因や背景の代表的な事例を示します。

(2) 授業における知的な刺激の欠如

教えるということは，むずかしいことをやさしく伝える技術でもあります。それと同時に授業をとおして，どれだけ知的刺激を与え続けることができるかに授業者の力量がかかります。換言すれば，教材をとおして知識を得ることが，さまざまな物の見方や考え方を獲得できることなのだと理解し，学習への意欲を向上させる必要があります。

(3) 一生懸命に授業に取り組む姿勢

実習生は授業実践の経験が少ないことと，生徒個々人の把握について十分でないために，授業自体の完成度は当然低くなります。

授業における指導技術の未熟さを，授業を受ける生徒は当然承知しています。それでいながら，授業が成立するのは教育実習生の授業に対するひたむきさや，熱意が生徒に伝わるためです。それなくして，教育実習生と生徒たちとの信頼関係は成立しません。一生懸命に授業に取り組む姿勢を忘れてはいけません。

（4）生徒からの瀬踏み

最近の教育現場の現状からいえば，若い先生が相対的に少なく，年齢的に近い教育実習生に対する興味や関心が高く，実習生の注意をひくために，不規則な発言を繰り返したり，質問に対して関係のない回答をして，授業者を困らせたりします。そのことにより，実習生がどのような反応をするかを注意深く観察します。とくに，「問題行動」生徒に，それらの行為が顕著に現れます。

それらへの対応は，まず「受容」し，授業全体のなかに組み込み，指導すべきことはしっかりと指導することが原則となります。とくに，異性の場合，その傾向が強く出ることがあります。そのときにも，思春期特有の傾向と理解し，対応することが望まれます。

（5）生徒自身の問題

基本的生活習慣の乱れ，友人関係，部活動，家庭的な問題など，外部的な要因によるものは，その場での指導と同時に，指導教官・担任・部活動顧問・養護教員等，関係する教職員と連携しながら，相互の情報を交換することや，解決方法についての協議が必要となります。

組織的対応が必要なときは，組織全体で取り組んでもらい，そのなかで自分がやるべきことについては，ほかの関係教員の指示に従うことが，望ましい対応となります。

（6）医学的な問題

LD・ADHDや，高機能自閉等の生徒については，学校全体での指導や対応がなされていると思われるため，全体の指示を仰ぎながら対応することになります（質問26参照）。

（高橋靖之）

53　小班活動，話し合い学習をうまく行うために

近年，授業において小班活動や話し合い学習が多く取り入れられていると聞きました。そのような学習活動をうまく行うにはどのようなことに注意すればよいのでしょうか。

　小班活動や話し合い活動（以下，グループ活動と呼びます）は，個人での学習と，学級全体での集団学習をうまくつなぐことができる方法です。一斉授業の時には発言できない子でも発言できますし，個別学習では期待できない教えあい，学びあいも生まれます。

　しかし，必ずうまくいくわけではありません。教育実習でグループ活動がうまくいかない場合を見ていると，時間内に終われない，子どもに趣旨や手順が伝わっていない，参加していない子どもがいる，などがあります。また，活動はうまく進んでも，一人ひとりの学びが深まっていない，ということもあります。これらの問題を解決するいくつかの方法を紹介しましょう。

（1）グループ活動は時間がかかる──事前準備が大切

　まず，グループ活動は作業を始めるまでの説明（課題の趣旨，集団のつくり方など）に時間がかかります。長々と説明しなくてすむように，グループ活動の流れ，内容，目標，注意点などを補助教材としてプリントにまとめて，配布すると便利です。口頭で「最初にこれをして，次にこれをして…，最後にノートにまとめなさい」と指示しても，1回で伝わることはほとんどありません。何度も繰り返して言っているうちに，予定時間が過ぎてしまった，ということになります。わかりやすい手順書をつくっておきましょう。

　その際に，活動の結果をどうまとめるのかも，示しておきましょう。漠然と「話し合いなさい」「調べなさい」「まとめなさい」と言われても取り組みにくいものです。グループ活動のまとめとして，みんなの前で口頭発表するのか，模造紙に文章とイラストでまとめるのかがわかれば，取り組みやすくなります。

　また，あるクラスで何度かグループ活動をやるつもりならば，2回目以降は1回目と共通点を多くもたせると，比較的スムーズに進行し，授業の時間を有効に使えます。

(2) 全体に対する追加説明をする場合は全員に作業を中断させる

　グループ活動では，子どもが予想外の反応をしたために，追加説明をする必要が生じる場合があります。作業の途中でも説明をしなければならないときには，全員に作業を一旦やめさせ，集中して聞かせます。これがあいまいになると，説明を聞くべきなのか作業を続けるべきなのかわかりにくいので，子どもの集中力が途切れてしまいます。また，その後の教師の指示がとおりにくくなり，しまりのない授業展開になります。もちろん，その場で個別に説明して解決できそうなら，全体に説明する必要はありません。

　このように，グループ活動の指導は，一斉授業に比べると，教師の即時の判断が求められる場面が多くなります。指導計画をよく練っておかないと対処できません。グループ活動で子どもが戸惑いそうなところはどこか，わかりにくいところはないか，実習校の指導教諭にもよく相談しておきましょう。

(3) 全員が参加できる工夫をする

　友だちがグループにいないからという理由で，活動に入れない子どももいます。このような場合は，全員が楽しめる活動を最初にやりましょう。これは短時間で構いません。「今から2分間で，『テスト』と聞いて思いつくことをできるだけたくさん出しましょう。目標は30個以上。一番たくさん出したグループが勝ちです」など，少しゲームの要素を取り入れると楽しめます。このような活動は，アイスブレイキング（冷たくかたまった場の雰囲気を壊す，という意味です）といいます。授業内容に関するものでできれば，なおいいでしょう。

　また，ペア活動（二人一組の活動）を導入すると，相手が一人ですので話しやすくなります。ペア活動に慣れてから，二つのペアをあわせて4人グループにする，というやり方もよいでしょう。

(4) グループ学習の前後にじっくり考える時間を設ける

　グループ活動は失敗なく指導できたのに，子どもの認識が深まっていないことに気づくこともあります。このような場合は，事前・事後の学習が不足していることが多いようです。グループ活動の前後に，一人でじっくりと考える時間をとるよう計画しましょう。また，単元の導入でグループ活動をする場合も，事後の学習で活動の意味を深めるように計画しましょう。

（川地亜弥子）

54 少人数授業のやり方と留意点

私の母校では習熟度別の少人数授業を行っています。少人数の授業と普通の人数の授業との違いはどんなところにあるでしょうか。また少人数授業の注意点などあれば教えてください。

　まず，少人数授業と，習熟度別授業は，意味する内容が違います。少人数授業とは，学級での一斉指導ではなく，少人数に分けて指導する授業のことです。分け方は，出席番号などで機械的に分けることもありますし，課題選択別のこともあります。もちろん，習熟度別に分けることもあります。いっぽう，習熟度別授業は，児童生徒の学習内容の習熟の程度に応じて学習集団を編成し，実施する授業のことです。必ずしも少人数でなくてもよいのです。

　さて，質問の内容は，少人数で，しかも習熟度別の授業についてですね。この形態の授業は，子どもたちの学力差に対応するため，個に応じた指導の一つとして文部科学省が示すなかで広がりました。多くの一斉授業では，学級全体で同じ教材を使用し，45分もしくは50分を基本として，教室で一人の指導者が学級の児童生徒全員にほぼ同じ指導をします。従来の一斉授業では，内容が簡単すぎてつまらないと感じる子と，逆に難しすぎて取り残される子の両方がいることがあり，このような問題点を克服するために，「個に応じた授業」が主張され，少人数の習熟度別授業が広がったといえます。

　少人数の習熟度別授業は，算数・数学，英語，国語など，学力の差が大きくなりやすい教科において実施されることが多いようです。単元の最初は通常のクラスで一斉指導し，途中から課題に対する理解の度合いによって少人数に分ける学校もありますし，一年を通じて，その教科はずっと少人数で習熟度別の授業をする学校もあります。分け方も，2学級を3集団に編成する場合，1学級を半分に分ける場合など，さまざまです。どのような指導計画のなかで，どのような目標をもって，少人数の習熟度別授業をするのか，指導教諭によく聞いて理解しておきましょう。

　実習では，静かで教えやすいクラスだからと，その科目が得意な子が集まった集団を担当することがあります。教科書どおりに淡々と説明しても聞いてく

れますし，授業のスピードも早くできます。静かな授業で集中しているし，なんの問題もないように思われますが，そこに落とし穴があります。わからない子がいる授業なら，つまづきやすいところで立ち止まって教師が説明をしたり，子ども自身がわからない子に教えてあげたりする機会があり，そこで，深くわかり直す，という経験をもちます。子ども自身が説明するなかで，なぜこのやり方でいいのか，など，別の視点から考えることもあるでしょう。しかし，習熟度別授業ではそのような機会が減るので，習ったときにはわかったつもりでも，あとでやり直してみるとわからないということが出てくるのです。習熟度別の指導をすることで，得意な子にはより効率的に教えられるはずなのに，結果として一斉授業とそれほど効果は変わらない，という指摘もあります。授業のなかで，理解を深める課題を設定したり，多様な理解を促すような取り組みをする必要があります。

　その科目が苦手な子が集まった授業では，子どもの間に劣等感，不公平感が生じないよう，ほかのクラスを担当する先生とよく連携をとることが重要です。明らかに進度が遅い，単純な問題ばかり，ということになると，ますます学ぶ意欲が減退します。たとえば数学の場合，基礎的な計算問題を解けるようになることは重要ですが，それだけでは，手続きを覚えて再生するだけの時間になってしまいます。どういうすじみちで考えるとよいのか，なぜそれでよいのか，ほかの方法はないのかなど，みんなで議論してわかりあうような時間をとることが重要です。普段より人数が少ないのですから，いつもはなかなか発言できない子の話を聞くチャンスも増えるはずです。また，このクラスでも友だち同士の教えあいは有効です。教師の説明はわからないけれど，友だちの説明ならわかるという経験は，みなさんもあるでしょう。教えたほうの理解も深まります。計算に習熟することと，その計算の意味をわかり直すということの両方があって，初めてその計算が自分のものとして身につくのです。

　このように，小集団の習熟度別授業では，個別作業ばかりでなく，集団で学ぶメリットを生かすことが必要です。多様な発想が生まれ，お互いに学び合い，教え合う機会が増えるよう，指導計画を立てましょう。すると，集団のなかで生まれる学びの豊かさにより，一人ひとりの認識が深まります。　　（川地亜弥子）

55 研究授業

研究授業とはどのようなものでしょうか。いつ，どのようにして行われるのですか。

　教育実習中における研究授業とは，実習生が実習の集大成として，その成果を発表することを目的として行われる授業のことです。

　したがって，研究授業はだいたい最終週に行われますが，いつ，何をするかについては格別決まったものはなく，それぞれの実習校や担当教員の方針によってさまざまです。しかし，基本的には実習生全員が，担当教員との相談のうえでその判断のもとに行われるようです。

　研究授業は，上記のような目的のもので行われるものであるため，通常の授業実習とは，多少異なることがあります。通常の授業実習では担当教員のみが参加するのが普通ですが，研究授業では，大学のゼミや実習担当の大学教員，ほかの実習生，学校内で手の空いている先生，そのほか実習生自身が見学してほしい人などが，参加者として授業を見学します。実習生にとっては，ようやく授業やクラスの雰囲気に慣れたところなのに，見学者が増えることで雰囲気が変わり，緊張を強いられるもののようです。

　研究授業では，まずその授業の指導案を参加者全員分，コピーして配布します。参加者はその指導案を見ながら授業を見学します。したがって，その指導案は，通常の授業実習のときよりもかなり綿密なものを準備する必要があります。もちろん，授業実習のときから綿密な指導案の作成を求める学校もあります。その点は，学校によってまちまちなので，実習ガイダンスや担当教員の指示に従うようにしてください（質問34参照）。

　授業終了後は，参加者を交えてその研究授業について，反省点などを話し合う場が設けられます。通常の授業実習でなされる担当教員との反省会とは異なり，かなりオフィシャルな場となりますので，そこではいつもとはまったく違う視点からの指摘があったり，かなりシビアな意見を言われたりすることもあります。ただ，だからといって怖がる必要はまったくありません。ここで出される意見は，あなたの授業に対する客観的な意見であり，あなたはそれらを参

考にしながら今後の反省点にしていけばいいのです。

　もちろん，研究授業だからといって，特別変わったことをする必要はまったくありません。相手も，通常の授業実習で担当した同じ生徒たちです。しかし研究授業は，実習生として実際に数日間教壇に立ったその経験をふまえたうえで，その集大成として行われるものですから，教材研究をさらに練り上げて，授業実習で得たもの，そしてもてる力をすべて発揮するように努力することが求められます。

　教育実習は，実習を通じてそれぞれの学校が大事にしているものを学ぶ場であると同時に，教師の仕事を実際の教師の生の姿を見て学び，そのうえで自分が教師という仕事を最終的に選択することを判断する場でもあります。実際，実習を経て，教師になりたいという気持ちをさらに強くもったという学生も少なからずいますし，逆に自分には合わないという気持ちをもった学生もいます。

　しかし，実習担当の教員をはじめ，実習生を受け入れる学校側は，あなたが実際に教師の仕事を見て体験し，教壇に立って生徒と対峙し，授業を行うことによって，教師としてのプロ意識をもってほしいと願い，さらに人間としても成長することを期待しています。また，実習を行うことで，あなたは確実に成長していきます。そのことは，誰よりもあなたの先輩たちや実習生を受け入れた学校の先生方が実感していることです。

　なぜならば，実習で得た知識というのは，大学で教職課程の授業を通じて得た教育や教師についての知識とは別の，実体験を伴ったいわば「活きた知識」ともいうべきものだからです。つまり，あなたがこの数週間で実習を通じて学んだものは，それまでの数年間学んできたものとはまったく異なる，密度の濃いものであり，それは今後のあなたの人生にとって必ずや有益なものとなるでしょう。

　だからこそ，研究授業は，あなたがこの実習に対してどのように取り組み，実習のなかで何を得たのか，そしてどれだけ成長したのかを，授業というかたちで表明する場なのです。したがって，それまでの授業実習以上に教材研究などの授業準備を入念に行い，もてる力をいかんなく発揮する努力が必要なのです。

（谷脇由季子）

［5］　先生や学校とのかかわり

56　担当の先生とうまくいかなかったときの対応

　もし指導の先生と教材の扱いや学級運営などについて意見が合わない場合，どうしたらよいのでしょうか。

　教育実習生が実習校で数週間，教育実習の指導を受けることは，事前に想像しているより大変なことかも知れません。そこがもし自分の出身校であったとしても，現在は生徒ではなく，外部の人物として教職員，生徒から見られていることですし，親しい先生などがおられても卒業生としてではなく，教育実習生として扱われることでしょう。ましてや，出身校でなかった場合は，まったくの見ず知らずの方々と数週間過ごさねばならず，環境に慣れるのでさえ一苦労でしょう。こうしたなかで教育実習を行うことを肝に銘じて実習先に決まった学校と関係を取り結ばなくてはなりません。そのためには，①教育実習先の決定から実習年度の直前まで，②実習年度当初から実習の始まるまで，③実習期間中，という段階ごとに対応していく必要が考えられます。

　①は，来年度にお世話になりますといった程度の挨拶さえできていればいいでしょう。②になりますと，当該年度として実習期間中に直接指導をしてくださる先生（教諭）や実習担当の責任者（副校長など）もきまり，実習期間中の生活上の注意や担当科目などの指示もあり，ていねいに教えを請う姿勢が必要です。③は，実習中ですから学生気分は捨て，社会人としての自覚が必要となってきます。こうしたことを自覚して，礼節をもってしても人間関係ですから，実習期間中に担当の先生とうまくいかない，といったこともおきてきます。では，なぜうまくいかないのか。その理由を冷静に考えてみましょう。

　外部に所属しているものが実習中にお世話になっているのですから，礼節をもって行動するべきことはすでに述べたとおりですが，そのほか，守るべきことはできているでしょうか。時間にルーズであるとか，当然に守るべきことができず不興を買っているとしたら素直にわび改めることからはじめましょう。

　また，実習期間中に指導上の意見の食い違いがあったときはどうしたらいいのでしょうか。実習生といえども教壇に立っている以上，積極的に教育行為を行うことは重要です。そして，実習生のあなたにも，大学で一生懸命学んだ教

育理念があるはずです。それと違った意見のぶつかり合いであれば，引き下がりたくないという気持ちもわかります。しかし，あなたはその学校にどれくらいいるのでしょうか。そこの生徒の教育上の責任を引き受けることができるのでしょうか。学校では，生徒の成長を考えて，その教育計画を，入学から卒業まで年間ごとに計画しています。そのなかの一部分しか接することのない実習生は，実習校の指導担当教諭の考えを含めた基本方針に従うべきでしょう。

　ところで，こうしたこととは異なり，担当の先生のほうに問題がある場合が近年報告されています。文部科学省は，毎年12月に1年前の年度に当たる「教育職員に係る懲戒処分等の状況について」という公立学校教員の懲戒処分等について調査結果を公表しています。これによりますと平成18年度では，4000人強の「精神性疾患による休職者」が数えられ，その数は年々増加し，平成12年度に比べてほぼ倍増しています。こうしたことは，教師が学校現場で相当のストレスを感じていることの現れであり，それは教師の問題行動の引き金にもなりかねません。たとえば，平成18年に教師のわいせつ行為として把握されている件数は190件に上り，そのなかには教育実習生に対するものも含まれています。このような破廉恥な教員も数多くある学校のなかにはいることを知ったうえで教育実習に臨むことも，悲しいことですが今日では必要となりました。

　では，そうした問題教師と遭遇してしまったときどのように対応したらいいのでしょうか。実習生が巻き込まれるケースとしては，指導担当の教諭によるパワハラまがいの行為や嫌がらせ，女子学生の場合にはさらにわいせつ行為（セクハラ）が想定できます。これらについては，決して当事者間で解決をめざさないようにしましょう。問題教師の場合，開き直られるかさらに関係が悪化することが予想できます。そこでこうしたときには，実習校の教育実習担当の責任者（多くの場合，副校長または教頭）に相談に行きましょう。正直にことの成り行きを説明すれば，実習生の味方になってくださるはずです。また，実習校で解決できない場合は，大学の教職課程に相談しましょう。大学と実習校との間で連携しながら問題の解決に向かうことができます。担当教師から嫌がらせを受けたときは相当ショックを受けていると思いますが，とにかく一人で悩まないことが肝要です。

　　　　　　　　　　　　　　　　　　　　　　　　　　　（吉村日出東）

57 校則と自分の考えとが合わなかったとき
校則が自分の考えと合わなかったらどうすればよいのでしょうか。

（1）とにかく校則をよく理解すること

　中学生や高校生だったとき，校則のためにすごく嫌な思いをされた人がいると思います。そういう人はまだその後遺症が残っていて，校則という言葉を聞いただけでも拒否反応を起こしてしまうという人がいるかもしれません。皆さんが実習に行く学校にもれっきとした校則があったり，また校則という言葉は使っていないが，校則と事実上同じような意味をもっている「生徒心得」とか「生徒規律」「生徒規則」「学校のきまり」といったようなものが，多かれ少なかれあると思います。校則が社会からの批判を受けて，その見直しをした学校が多いと思いますが，その折りに校則をまったく無くしてしまったという学校は，資料がないので正確なことはいえませんが，数の上からみても非常に少ないのではないでしょうか。ですからまずそのことをはじめにはっきりと押さえておきましょう。

　そういうような状況ですから，頭から校則は駄目だといっていたら，実習をする学校はおそらくなくなってしまうでしょう。そこで大事なことは，慌てないで実習校で定められている校則によく目をとおし，内容をよく理解することです。

（2）なぜ校則が自分の考えに合わないのをよく検討して，ほかの実習生の意見も聞く

　校則が自分の考えに合わないという場合には，つぎの2通りがあります。一つは校則の存在を基本的に認めないというものです。二つ目は校則の必要性は認めても，校則として決められている事柄のなかに，自分の考えに合わないものがあるという場合です。もしもあなたの考えが前者であれば，校則のある学校に行って実習をすることは，まったく不可能といえるでしょう。それこそ重大な決断が必要です。そこでここでは後者の場合について考えてみましょう。

　校則が社会的な問題にまでなり，マスコミもそれを大々的に取り上げたとき，問題になったことは，次の四つです。①校則の数が多すぎること。たとえば，

生徒手帳に細かい活字で8ページから15ページにわたって，きまりがぎっしり書かれているというようなのは普通で，多い場合には校則の量が，22ページから23ページにもわたっていたというものがあったくらいです。②校則が細かすぎること。細かいことまで校則で決めるから，校則の数が多すぎるということにもなります。学校によっては，授業中の挙手の仕方までも，校則にうたっていたという所がありました。③管理的な発想が先行し，教師の都合によって校則が一方的に決められていること。④校則は体罰に繋がる可能性をもっていること。

　皆さんが実習に行って，その学校にある校則を見せられたとき，なんでこんなことまで校則に決めて，生徒に守らせなければならないのか，実に不思議だと思うことがあるはずです。そんなときにはカッカとしないで冷静になり，自分がそのきまりを受け入れられない理由をよく考えてみましょう。そしてほかの実習生にそのことを話し，意見を聞いてみてはどうでしょうか。

　また，皆さんを指導してくださる先生の考えや意見なども，できるだけインフォーマルに聞くことも，よいことではないかと思います。ただしその場合に気をつけなければならないことは，実習に行っていきなり校則についての批判的な考えをいうのではなく，しばらく生徒の様子をじっくりと見てからにするということです。

（3）校則を固定したものとしてとららえないこと

　校則はもともとないのが理想なことはいうまでもありません。しかしそうならない現実があります。生徒たちも校則の必要性を認めている例が多く見受けられます。生徒の人権を犯す危険性のあるような校則は，もちろん認められません。大事なことは校則を固定したものとして，とらえないということです。生徒と教師の共同による校則の見直しは，生徒たちに自治の力をつけ，学校を活性化させるという効果もあります。

（岡田忠男）

58 実習期間中に体調を崩した場合

もし実習期間中に体調を崩した場合，休むことはできないのでしょうか。

実習中に体調を崩す実習生は，非常に多いです。体調を崩すということは，いかに十分に準備をし，体調管理に気をつけていても起こりえます。体調を崩すこと＝やる気がない，ダメである，ということではありません。

生徒としてではなく，「教師」的な立場で学校に入るということは，実習生にとって初めての経験であり，それだけで大きな緊張を強いられます。生徒の手本としての言動が常に求められ，教師や生徒から常に見られるということは，それだけでも厳しいことです。慣れない言葉遣いや行動形態を取らなければなりませんし，服装や髪型を毎日きちんと整えることも必要。それに加え，毎日の早起き，学校によっては弁当づくり，帰宅してからも洗濯や片づけ，そして実習日誌を書くことや，その日の自分なりのふりかえりなど，生活全体が普段とはまったく異なるのが，実習期間中です。実習の時期も，梅雨時であったり，猛暑や厳寒期であることもあります。感染症が流行する時期もあり，最大限の注意を払っていても，体調を崩すことが多々あります。「自分は丈夫だから倒れない」などと自分の健康を過信することなく，「倒れる可能性もある」ことを前提に，実習準備を進めることが肝要です。

まず，実習に入る前には，少しずつ実習期間中の生活に身体を慣らしておくことが大切です。将来，教師になることをめざすのであれば，実習期間前だけでなく，普段から心して生活を整えておくことが，本来的には必要です。

基本は，早寝，早起きです。実習中は夜に日誌を書いたりしますので，どうしても夜は遅寝になりがちですが，実習前，少なくとも，1カ月前くらいからは，日付の変わらない時間に就寝し，朝は6～7時には起床する習慣をつけましょう。弁当を自分でつくらなければならない環境にある実習生は，事前から，簡便な弁当づくりの練習もしておきましょう。

日々の食生活も重要です。自分の好むものばかり食べるのではなく，栄養のバランスのとれた食事を，朝から3食きちんと食べるようにしましょう。最近，

生徒の食生活の乱れが話題となっていますが、大学生でも正しい食生活の方法が修得されていない者が多くいるようです。教師を志す者は、一般の大学生と同等ではなく、さらに詳しい栄養・食生活に関する知識を平素から蓄えておき、とくに実習前は自ら励行するように努力しましょう。

　飲酒・喫煙については、実習前から自粛するようにしてください。適量のアルコールは緊張を解くのに有効な場合もありますが、実習期間中に飲酒して、翌日の勤務に支障をきたすようでは本末転倒です。実習前から、酒の量は控えるように努力しましょう。喫煙については、未成年を対象とした教育活動の任に当たる教師は、本来、喫煙しないことが最も望ましいです。社会的に受動喫煙の問題が取りざたされる今日です。平素から喫煙の習慣をつけないこと。実習中は、教師が喫煙していても、実習生には、喫煙は許されないと心得ること。実習時間中に、校地の外に出て喫煙するなど論外です。

　入浴は、体調不良のとき以外は必ず毎晩行い、身体の清潔を保持してください。これにより、心身の緊張もほぐれ、気分も変わり、翌日また気持ちよく出勤できます。ぬるめの湯船に浸かるとよいでしょう。健康維持にも、良質な入浴は不可欠です。カゼ予防のために、手洗い・うがいも励行してください。

　こういった配慮をしていても、実習中に体調不良になることは多々あります。体調不良になった場合は、実習校と、自分の所属する養成校の実習室や実習担当教員、ゼミ教員などに、早急に電話して、指示を仰ぐこと。単位認定に必要な実習日数、時間数などが決められておりますが、その算段よりも、まずは疾病が伝染性でないことを証明するのが先決です。とくに、発熱、嘔吐、吐き気、腹痛、下痢などの症状が出た場合には、実習校の指導教員に速やかに話し、至急、医者に行って伝染性の疫病でないことが医者の証明で確認されるまでは絶対に実習に出てはいけません。もし、伝染性の疾病であった場合、生徒に移し、学校全体に疾病を蔓延させることになります。どのような職業でも職場に疾病をはやらせない気配りは社会人として不可欠ですが、抵抗力が十分ではない生徒が大勢集まってすごしている学校に勤務する者は、いっそう自分の都合よりも周囲の人々に対する悪影響を考えることが先決です。

（永井理恵子）

59 実習期間中の就職活動

もし実習期間中にどうしても抜けられない就職面接などが入ったら，どうすればよいのでしょうか。

　実習期間は5〜7月か9〜10月に集中する傾向があり，それは就職活動期と重なりますから，この事態に直面する人は少なくないと思います。

　結論からいうと，どうしても抜けられない性質の面接であれば，前もっていねいに実習校の先生に申し出て，その時間を空けさせてもらうか，1日休ませてもらうしかないでしょう。学校を空ける時間は少なければ少ないほどよいのはもちろんですが，実習校に申し出る際には礼儀を尽くすことが大切です。

　そのためには，①面接日等が実習期間に重なることがあらかじめわかっている場合は，実習開始前にそのことを実習校に申し出ておく，②面接先の企業や官庁にも教育実習期間中であることをあらかじめ知らせておき，時間指定などなんらかの便宜をはかってもらうことができないか頼んでみる，③大学の指導教授を通じて事務局などにもこのような事情があることを届けておく，といった配慮をすべきです。

　短い実習期間中にこのようなことで学校を空けられるのは，受け入れ校にとって指導計画の変更を強いられるような迷惑であることは否定できません。大学によっては，このようなときにどうするかをルールとして決めてある場合もありますから，基本的には自分の属する大学の指導を受けて行動することが基本だと思います。「当たり前の申し出をしている」などという姿勢で臨むことは厳に慎むべきです。

　ところで，この質問の背後には，2つの深刻な問題があります。

　第1は，企業の求人活動がすでに3年生から実際にはじまってしまうという最近の風潮です。大学の授業が長期化する就職活動によって阻害されていることは，実習問題とは別に大きな問題として横たわっています。学生諸君は多くの場合求人活動の被害者ですが，大学や実習校もまた同じです。

　もう一つの問題は，教育実習を受けることと一般就職を希望することとの間の矛盾です。質問にあるような事態のなかで実習校の了解を得る話し合いをす

るためには，実習生は，教職が自分の唯一の希望ではないことを表明しなければならなくなります。この問題をどう考えるかについてはたとえば質問 8 などを参照にしてほしいのですが，実習校の先生方にもかなりデリケートな判断を強いることになります。ですから，上の質問のような事態を実習校に伝える際には，自分と実習校との間だけで問題を考えるのではなく，③に記したように大学との間の了解をきちんと取っておくことが不可欠になるのです。

(寺﨑昌男)

先輩からの一言

　教育実習は，今までの学生や生徒の視点から脱出し，自らが教師の立場になり学校生活を体験する場です。ですから，本当に教師を志す諸君には，生徒との交流や授業実習だけでなく，教師の仕事を多面的にとらえ，「学校運営の全体像」を，ぜひ感じ取ってほしいものです。

　学校はわれわれの生活の大半をすごしてきた所ですから，誰でも教師の仕事など簡単にイメージできるでしょう。しかし教師の立場になると，生徒の視点からは目につかなかった仕事が，たくさん存在します。教科指導以外の採点やテスト問題の作成，成績の整理，進路などの指導・面談，その他校務分掌や学校運営上の委員会の会議に加え，行事の準備が平行します。また，学校の実態によって，生活指導のウエイトがかなり大きいという所もあるでしょう。

　こうした，表には（生徒には）見えない教師の仕事を，実際に肌で感じながら，学校を理解し，教師像や教育観を育てるということは，とても重要なことです。

　短い期間ではありますが，教材研究などの合間を見て，現場の教師が授業以外の仕事をどうこなしているのかよく観察し，資料の作成や採点などの手伝いも，積極的に経験できればと思います（生徒指導と並び，これこそが講義にはない実習ならではの経験です）。また，行事に参加する機会があれば，生徒の活動ぶりだけでなく，その背後にある教師の指導についても注目してください。当たり前のように進行している行事でも，準備段階から，きめ細かい教師の配慮があるはずです。そしてそれは，ちょっと注意すればすぐに見えてくるものです。

　実習生はお客さんではありません。どんな場面に対しても，「自分は学生ではなく，教師である」という視点で臨み，将来への自覚を強める有意義な実習にしてください。

(安西弘幸／東京都高等学校)

60 実習生同士でよい仲間関係をつくるには

実習生控え室の雰囲気は大切だと思います。実習生同士でよい仲間関係をつくるにはどうしたらよいでしょうか。

　実習生の人数は，実習先の学校によって，大きな違いがあると思います。自分一人，という場合もあれば，数人，場合によっては10人以上が同時期に実習していることもあると思います。実習生同士の関係をどのように築いていくかは，実習生にとって重要な問題です。実習に行くにあたっての不安要因の一つとして，ほかの実習生がどんな人物か，その人物とどのような関係を築いていけるかが，ある程度の大きさを占めていることでしょう。

　実習生には，いろいろな意味で，多種多様な人物がいます。所属する学校も，専門学校から大学まであり，年齢もさまざまです。同じ養成校から同時期に同一校で実習する場合も稀にありますが，多くの場合，他校の学生と一緒です。

　実習期間中は，日々の活動と教材準備に追われ，実習生同士でゆっくりと語り合う時間はほとんどないも同然です。自分自身がしなければならないことが多いうえ，自分の所属する学級にいる時間や，担任教師とともにいる時間が長いので，実習生同士でともにすごす時間は，非常に限られているものです。それでも，その限られた，実習生同士の交流の時間や機会を，どのようにすごし，活用するかによって，実習の質にいくらかの違いが出てくることもたしかです。ここでは，どのような実習生同士の交流をもつことが，実習を，よりいっそう実り多いものとするかを考えてみましょう。

　養成校での平素の学習は，学校によって違いがあったり，類似していたりとさまざまです。実習生同士で，普段の学習のなかでどのようなことを習っているかを話し合いますと，お互いの学習で足りないところや，逆によく学べている特徴などを知ることができます。自分よりも多くを体験したり学習している実習生がいるようであれば，自分の不足している部分を補ううえでも，多くの情報を得ておくのがよいでしょう。

　また，同じ実習校で実習をしていることで，一種の「同志」的な感覚も，互いに得ることが可能です。実習校では「当然」として行われている学習形態や

生活指導など，ほかの実習生は，どのように感じながら見ているのか，意見交換などをしてみますと，非常に興味深いうえ，勉強の契機となりましょう。自分だけの視点で実習校を見るのではなく，他者の視点も得ることによって観察眼も養われますし，実習日誌への記載内容にも変化が生じるものと思います。さらに，自分がつらいと感じることや，実習校に対して違和感をもつことについても，実習仲間に話してみるのもよいでしょう。課題の共有は，自己の視野を広げ，自分の幅を広くする手段となります。ただし，実習校や教師への不平不満を言いつのるような会話は控えなければなりません。

　くわえて，実習生同士のコミュニティーは，将来の教師集団のなかで自分がどう教師仲間とすごしていくかを訓練する，よい場ともなります。実習生の実習校での位置は，児童生徒に対しては教師に限りなく近い存在でありますが，実習校の担任教師との関係は決して教師同士ではなく，あくまで教師と生徒の関係です。そんななかにあって実習生同士の関係は，将来の教師同士の関係に，比較的近いものと考えられます。お互いがそれぞれのあり方を認め合い，互いに足りないところは学び合い，吸収しあい育っていく，そんな関係の予行演習として，実習生仲間との関係をとらえていきましょう。

　実習生同士が一緒の場ですごす時間は2週間ないし4週間の短いものです。しかし，この間に築いた人間関係が良好なものであれば，その間柄は後々長く続くものとなる場合もあります。相手を見つめ，良好な関係を築くように努力しましょう。相手をよく知るためには，自分についても相手に開き，見せることが必要です。近年の若い世代はさまざまな通信機器の発達のために，直接的な関係をじょうずに築くのが不得手な学生も多くいます。そんななか，じかに出会い接する実習生同士でありますから，互いを尊重し，じょうずな距離を取りながら交流してください。同志とはいえ，互いにふみこんではいけない領域もあります。相手に対する偏見や差別的な言動で仲間を傷つけてしまわぬよう十分に留意し，実習校に迷惑をかけたり，養成校同士の問題に発展したりすることのないよう，良識ある仲間づきあいをめざしていきましょう。

〔永井理恵子〕

第3章
実習の後に

61 先生へのお礼

お世話になった先生方に感謝の気持ちはどう表せばよいのでしょうか。お礼を申し上げるだけでよいのでしょうか。

　先生へのお礼を考えられているあなたは，教育実習中，さぞ多くの先生方のお世話になり，先生方から強い影響を受け，教職への憧れを強くしたのでしょう。そうであればこそ"先生へのお礼"を考える気持ちにもなったのでしょう。

　さて，先生へのお礼ですが，結論からいえば，その必要はありません。これにはいくつかの理由があります。

　まず第1に，教育実習中，あなたは大学の指導教授なり教育実習担当の先生の訪問を受けたと思います。その際，指導教授なり教育実習担当の先生は，実習校に，「お礼」という名目でではありませんが，「実習必要経費」という名目で，事実上の"お礼"をわたしているからです。この"お礼"は，あなたが在学している大学が負担している場合もあれば，入学時や教職課程申請時にあなたが大学に預けている場合もあります。とくに後者の場合"お礼"はあなたが大学に預けておいたものを，指導教授なり教育実習担当の先生があなたに代わって実習先にわたしているわけですから，あなたはすでに"お礼"をしているのです。よって，改めて"お礼"をする必要はありません。

　第2に，そもそも教育実習は，受け入れ側の「後輩を育てたい」という一念によってはじめて可能になるものであり，"お礼"がほしいなどという欲から教育実習を受け入れているわけではないからです。それが証拠に，最近では上に述べた「実習必要経費」という名の"お礼"すら敢えて受け取らない学校が増えてきているのです。逆にいえば，受け入れ側は教育実習生にそれだけ大きな期待をしているわけです。受け入れ側には，たとえあなたが卒業生であったとしても，なかったとしても，あなたを受け入れなければならない法的な責務などまったくないのです。ただひたすらに，自分たちの意思を受け継いでくれる「後輩を育てたい」という気持ちから受け入れてくれるのです。その意味でも，毎日が真剣勝負です。そして先生方は，真摯な態度で謙虚に実習に臨む実習生を本気で後輩にしたいと考えているのです。

第3に，今も述べましたように，最近ではいかなるかたちでの"お礼"も受け取らない方針の学校や地方自治体が増えてきていることがあげられます。とくに公立学校の場合，"お礼"の受け取りが地方公務員としての倫理に抵触するとして自治体ぐるみでやめる方向にあるといえます。

　第4に，最大にして最高の"お礼"はあなたが刻苦勉励し，教員採用試験に合格し，一人前の教師として教壇に立つことにあります。わずか数週間の教育実習は，あなたにとっても真剣勝負でしょうが，あなたを受け入れ，指導に当たられる先生方にとってもまた，真剣勝負なのです。ですから，お世話になった先生方への感謝の気持ちを表したい気持ちはわかりますが，その一番よい方法は品物によって表現するのではなく，まずは実習先の決まりに従って教育実習生としての本分をまっとうすることです。そして教員採用試験に合格し，早く一人前の教育者に成長することなのです。

　第5に，早く感謝の気持ちを表したいならば，大学に戻って早々に，学校長以下，すべての先生に自筆の，心のこもった礼状を出すことです。実習後，礼状は必ず出さなければいけませんが，その場合，儀礼的なとおり一遍の手紙ではなく，心のこもった手紙を心がけてください。また，礼状のみならず，暑中見舞や年賀状，教員採用試験の結果や就職先などについての近況報告をマメにすることも，立派な"お礼"なのです。その際に大切なのは，面倒でしょうが，すべての先生に礼状等を出すことです。直接指導してくれた先生方には当然ですが，すべての先生に出すことが大切です。とかく，つい忘れてしまいがちなのが養護教諭の先生や事務員，用務員の方々への挨拶です。教育実習はあらゆる方々の協力のもとに成り立つことを忘れないようにしましょう。

　第6に，実習最終日などに，担当したクラスの子どもたちから逆に贈り物をもらった場合，何かお返しをしたくなるでしょうが，学校あるいはクラスの事情によっては迷惑になる場合もありますから，あらかじめ指導教諭の許可を得ておくことが大切です。また，お返しをすることになった場合には，個人あての手紙や贈り物は避け，小規模な場合には学校単位，そうでない場合にはクラス単位にするのが常識です。ともかく，自分本位のスタンドプレイにならないように注意してください。

（金田健司）

62 教育実習経験を生かすまとめの仕方

教育実習の貴重な経験を，これからのさまざまな場面に生かすには，どのような点に気をつけて整理し，意味づけをすればよいでしょうか。そうしておけば，新しく導入された「教職実践演習」の準備にもなると思うのですが。

　実習が終わった時点で，教育実習の経験は自分にとって何であったのか，今一度整理し，意味づけをしておくことが，4年生後期におかれている「教職実践演習」の準備になります。ですが，そういう授業があるなしにかかわらず，せっかく実習をやり遂げたのですから，その経験をうまく生かすまとめを自主的にしておきましょう。まとめがうまくできるか否かによって，教育実習の質は決まってくるといっても過言ではありません。ですから，実習経験から栄養分をできるだけ吸収しうるまとめが肝要となってきます。実習中の自分の成功例や失敗例，先生のアドバイスなどを，終わった時点で，まとめておきましょう。経験的にいえば，成功例を先にまとめる方が，やる気が湧いてきます。

　では，実際どのようなまとめの仕方をすれば，いいのでしょうか。参考として，3つの視点を示しておきましょう。

　① 教えるべき内容や知識がしっかり自分のものとなっていたか

　教育は，基本的には，教材を媒介として子どもたちに働きかける仕事です。ですから，正確な知識を十分に自分のものにしておくことは，教師になる第一歩です。生徒に質問されて答えられなかったり，あやふやな答えをした事柄は，しっかりした文献や教科書で確認しておいてください。実習がすんだからといって，おろそかにしてはいけません。

　② 自分の言いたいことや教材を正確に伝えるだけの教育方法や教授技術が身についていたか

　いくら知識をたくさんもっていても，生徒たちに正確に理解してもらわなければ，教師としての仕事はつとまりません。実習において，正確に伝達するには，動機づけの仕方や話し方，発問の仕方，VTRやOHPあるいはコンピュータなどのメディアの使い方，板書の仕方などさまざまに工夫が必要であることがわかったでしょう。話し方がへただと思った人は話し方を，メディアの

使い方に習熟していなかった人はその使い方をというように，それぞれ自分の弱点を補強してほしいと思います。まさに，教育方法や技術は，生徒に働きかけるときの働きかけ方そのものですから，働きかけ方が弱いと教育の成果はあがりません。

　③ 先生方や事務員・用務員，生徒たちと人間的に接触できたか

　上に，教材についての正確な知識および教育方法・技術について述べましたが，これらの事柄よりももっと根底にあるのは，人間的なふれあいです。教育の任務は，最終的には，教師と生徒との交流を根底とする「人間の形成」です。教材や知識は，生徒と教師との間をとりもつ媒介物ですし，教え方は，言葉を換えていえば，働きかけ方にほかなりません。先生方や生徒たちと心の交流がうまくできたと判断できるならば，教育実習は，まずは成功といってようでしょう。もし，生徒から「先生，近寄りにくいね」とか「ネクラだね」というようなことを言われたとしたら，何か自分でも気のつかない側面があると考えてまちがいないでしょう。性格の改造をする必要があるかも知れません。ともあれ，先生や生徒たちと人間関係がうまくできたかどうかをじっくり反省してみてください。

　以上，教育内容，教授技術，コミュニケーションの3つをあげましたが，このほかにも生徒の反応や理解度，教室の雰囲気など重要な視点はあります。しかし，教育実習において問われているのは，実は単に知識の質とか量や教え方だけではなく，実習生の「総合的な人間力」なのであるということがおわかりでしょう。

　一般社会でも実習経験者は，「伝えたい事柄をどのように正確に表現すれば，わかってもらえるか」「どういう働きかけをすれば，気持ちよく自分の言うことを聞いてもらえるか」を考えて実践するといわれています。ですから，実習経験から，今後の自分の人生の質を豊かにする栄養分を吸い取る場なのです。

　今述べてきたことを十分念頭において，実習経験を振り返ってほしいと思います。それが，皆さんの人生を豊かにしていく原動力になるのです。

（別府昭郎）

63 教育実習の評価について

教育実習の評価はどのようにして行われるのでしょうか。実習校の先生，または大学の先生が行うのでしょうか。教員採用試験の際に評価表のコピーを提出させる教育委員会もあると聞きますので，たいへん気になります。

教育実習の最終的な評価は大学側，すなわち「教育実習」もしくは「教育実習指導」といった名称の講義を担当している教員によって行われます。それというのも，教職の課程認定を受けた大学は，正式に設置した教職科目に対してそのすべての責任を負っているからです。ただし，この講義の場合，学生は少なくとも数週間，実地研修すなわち教育実習として，学校現場＝実習先へ行きます。そして，この期間の指導は現場の指導教諭によってなされるわけですから，この期間の教育実習生の評価は，現場の指導教諭によってなされるわけです。ではなぜ，最終的な評価は大学側が行うのでしょうか。それは次のような事情によります。各大学は，教育実習期間内の実習生の様子を実習終了後に報告してもらうべく，その責任において，事前に「教育実習評価表」を作成します（作成してあります）。そして大学側は，「教育実習評価表」を実習開始前に実習先に送付し（あるいは教育実習生に持参させ），実習終了後に実習生の成績を報告するよう依頼します。大学側は，実習終了後，実習先から返送されてきた「教育実習評価表」をもとにして，「教育実習」を担当している教員が最終的な評価を行います。教育実習の単位はここではじめて認定されることになります。つまり，教育実習期間内に担当教諭によって下された評価は，そのままカーボンコピーのように単位認定されるのではなく，大学の担当教員を通じ，実習校から提出された「教育実習評価表」を十分に参酌しつつ，これに大学における講義（「教育実習」もしくは「教育実習指導」）の成績を加味し，総合的な知見に立って，最終的な評価が下されます。教育実習の単位はここでようやく認定されることになるわけです。

ところで，上に述べた「教育実習評価表」は，通常，①学習指導，②生活指導，③実習態度（意欲），④学級経営，⑤提出物などの項目から構成されていますが，これらの項目をどのように評価するかは，実習校に任されています。

つまり，これらの項目を分け隔てなく平等に評価するか，特定の項目に特段の比重をおくかは実習先によって異なっています。たとえば，実習先の担当教諭によっては，これらの項目に軽重はなく，教師を志す者である以上，まんべんなく力を発揮できることが好ましいと考える教諭もいることでしょう。またその一方で，「実習生に求められるのはなんといっても教育に対する熱意である。したがって，実習態度（意欲）をこそ最も重要な評価項目である」と考える教諭もいることでしょう。つまり評価をどのようにするかは，実習先によって，また担当教諭によって異なることが考えられます。

　教育実習先から大学に送付されてきた「教育実習評価表」には，上にあげた5項目（①〜⑤）の個別的な評価と総合的な評価（「総合評価」）が表記されています。「総合評価」の判定は，通常A（教育実習生としてとくに優れている），B（教育実習生として十分に努力した），C（いま少し実習への積極的な取り組みが望まれる），D（教育実習の効果がまったく認められない）とされており，この「総合評価」でDの評価を受けた実習生は不合格となります。そして各評価項目には，個別にA〜Dの評価が記されています。先に述べました，数週間にわたる教育実習ののちに，現場の教諭から送付されてくる評価の中身とはだいたいこのようなものです。これらの評価は"教職への適正"を現場の教諭が下したたいへん貴重なものです。教育実習を体験しようとする者は，実習後に現場の教諭によって，あるいは大学の教育実習担当教員によって下された評価を，教職を志望する者として謙虚に受け止める必要があります。いや，自分に下された評価を謙虚に受け止められるか否かこそ"教職への適正"が表れるなににもまさる指標であるということができるでしょう。評価が優れていたからといって教職に対して安易な気持ちになったり，驕り高ぶった気持ちになったりしたとすれば，"教職への適正"はないと考えてよいでしょう。また逆に，評価があまり芳しくなかったからといって教職をあっさりあきらめてしまうとすれば，これもまた"教職への適正"に欠けるといってよいでしょう。教職への道は，たしかに長く険しいものです。今さら述べるまでもなく，決して簡単に就けるものではありません。しかし，最終的に教職に就ける人とは，教職に就くことを最後まであきらめない人なのです。

　　　　　　　　　　　　　　　　　　　　　　　　　　（金田健司）

64 教員採用試験に生かす

教員採用試験を受ける予定です。面接のとき，教育実習の経験をどのように語るとよい評価が受けられるでしょうか。

教員採用試験を実施する地方公共団体によっても異なりますが，教員採用試験では，たいてい一次試験で教職教養・一般教養・専門教科等の筆記試験が課され，その結果を受け，二次試験なり三次試験なりで個人面接や集団面接，それに模擬授業が課されるケースが多く見受けられます。教育実習でのさまざまな体験は，筆記試験においてはともかく，個人面接，集団面接，模擬授業などでストレートに出てしまうことが考えられます。面接なり模擬授業では相当な緊張を強いられますが，教育実習がうまくいった受験生は，これらの試験に比較的自信をもって臨むことができるようです。では逆に，教育実習があまりうまくいかなかった受験生はどのような準備をしておけばよいのでしょか。これから述べることは，教育実習がうまくいった受験生にもあてはまることですので，ぜひ，教員採用試験を目の前にして実行してもらいたいと思います。

それは教育実習が終了した時点で，自分にとって教育実習とはなんであったのかを今一度整理し，意味づけをしておくことです。実習経験をうまく生かすまとめができるか否かによって，実習の質は決まってくるからです。ここで大切なのは，思い出したくはないでしょうが，実習中の成功例もさることながら，むしろ失敗例をふりかえり，なぜあのときうまくいかなかったのかを自分なりに省察しておくことなのです。では，なぜ失敗例を省察しておくことに意義があるのでしょうか。それは，失敗例をふりかえることによって，そのときに指導教諭の先生からもらったアドバイスを反芻できるからです。つまり「このケースではなぜうまくいかなかったのか」「あのケースではなぜうまくいったのか」「指導教諭の先生は，あのときなぜあのようなアドバイスをしてくれたのか」というように，近い過去を再検討してみることが，実習の整理にも意味づけにもつながってくるのです。さらにいえば，このような再検討は，実習経験を今後に生かすまとめの仕方を自分なりに確立し，自分のものにしていく方法を定着させていく術を学ぶことにもなるのです。では，どのようにすれば教員

採用試験に生かすことのできる再検討・意味づけができるのでしょうか。参考としていくつかの視座を示しておきたいと思います。

　第1に，自分の実習をふりかえり，再検討と意味づけをしておくことは，正確な知識や知見を自分のものにしておくことにほかなりません。正確な知識を自分のものにしておくことは，教師への第一歩です。実習中，もし子どもたちに質問されて答えられなかったり，あやふやな答えしか言えなかった場合には，教科書や参考書等の文献で必ず確認しておいてください。実習が終了したからといって，おろそかにしないでください。

　第2に，知識をいくら豊富にもっていたとしても，それを子どもたちに正確に伝えられなければ教師は務まりません。子どもたちに正確に伝達するためには動機づけの方法，話し方，メディアの有効な使い方，板書の仕方などにさまざまな工夫が必要です。このことは実習中イヤというほど思い知らされたのではないでしょうか。動機づけに失敗してしまったと思う人は動機づけの有効な仕方を，話がうまく伝わらなかったと思う人は話し方を，メディアに習熟していなかったと思う人はその使い方を，つまりは自分の実習中の欠陥を補強しておいてもらいたいのです。教育の方法や技術，動機づけ（はたらきかけ）は授業の質そのものを決定しますから，必ず復習しておいてください。教育の方法や技術，動機づけがうまくいかないことには，授業の成果は上がりません。

　第3に，教育の根底にあるのは人間と人間のふれあいですが，教育の最終的な目的も人間と人間のふれあいを通じた「人格の完成」にあります。知識は教師（実習生）と子どもをとりもつ媒介であり，教授（授業）は子どもたちに対するはたらきかけにほかなりません。実習中，あなたははたして人間的なふれあいを子どもたちとの間にもつことができたでしょうか。もしできたと感じるならば，あなたの実習はうまくいったと考えてよいでしょう。

　教員採用試験の面接官や模擬授業の採点官は，多くが現役の管理職の先生方です。面接や授業のプロです。教育実習での失敗をいくら取り繕おうとしても個人面接や集団面接または模擬授業で実習の成否は必ずバレます。いや，もっと怖いのは，これらの先生方に，教育実習の省察がいまだにできていないことが見破られることです。

（金田健司）

講師になるにはどうすればよいか

　教育実習へ行って，教員になりたいという気持ちを固める人はかなり多いといえるでしょう。それまでは教職に対する気持ちが揺らいでいたり，就職活動との両立に悩んだりして，態度を決めかねていたけれど，教育実習へ行き，生徒たちと接し，教職の大変さも知りながら，それを上回る喜びを感じて，教員の道を選ぶことを決める人も多数います。

　しかし，残念ながら教員採用試験に落ちてしまったり，教育実習前に出願をせず，教員になりたいと思った時点で採用試験を受けられなかったということがあります。そういう場合には，常勤講師や非常勤講師の口をさがすことになりますが，意外とそのさがし方やなり方については知られていないことが多いようです。

　まず常勤講師と非常勤講師の違いですが，常勤講師はほぼ正規の教員と同じ仕事を行います。担任や校務分掌を受けもったり，部活動の顧問になったりすることもできます。給与は正規採用に準じており，ごく短期の場合を除き，社会保険に加入することになります。非常勤講師は授業のみの担当であり，給与も授業1時間あたりの時給計算となることがほとんどです。授業時間数は3～15時間程度など幅があります。非常勤講師については複数の学校を掛けもちすることもあります。近年は「非常勤嘱託講師」といったような名称で，ティームティーチングや小学校の専科教員として募集があることもあります。

　各都道府県教育委員会や市町村の教育委員会で講師登録の制度がありますので，そこで登録を行って採用を待つことになります。できるだけ複数の教育委員会に登録しておくことをお勧めします。また大学の教職課程の掲示板や就職課に採用情報が掲示されることもありますので，大学のどこに情報があるのかもチェックしておきましょう。講師登録をしたうえで，母校の先生などに募集情報の提供をお願いしておくこともいいでしょう。できるだけ多くの採用情報が入ってくるように手配しておくことが大切です。

　翌年度の教員定数については，各学校での児童生徒数による教員定数の確定が年度末になるため，3月に入ってからの募集が多く，採用がなかなか決まらず不安になるかもしれませんがあきらめずに待つことも大事です。病休や産休，育休に伴う講師については，随時募集があり，急募のことが多いです。いずれの場合も当該学校の校長などの面接が行われ，採用されることになります。

　常勤講師はフルタイムで教員として働くことになるので，教員採用試験を受けようと思うと勉強時間が十分に取れないということがありえます。担任や部活動など常勤講師の方がさまざまな経験をすることができますが，勉強時間確保のためにあえて非常勤講師を選ぶという方法もあります。ただ近年，教育委員会によっては常勤講師を何年か勤めると教員採用試験の1次試験を免除するところもありますので，募集要項などを確認してください。

　常勤講師，非常勤講師とも，実際に教員として教える経験は貴重なもので，教師としての成長をもたらし，教員採用試験でも大きな武器になるでしょう。不安定な身分ではありますが，教員として精一杯の仕事を行うことによって，正規の教員としての採用につながると思います。

（杉浦　健）

教育基本法

(2006年12月22日法律第120号)

教育基本法(昭和22年法律第25号)の全部を改正する。

目次
　前文
　第1章　教育の目的及び理念(第1条—第4条)
　第2章　教育の実施に関する基本(第5条—第15条)
　第3章　教育行政(第16条・第17条)
　第4章　法令の制定(第18条)
　附則

　我々日本国民は,たゆまぬ努力によって築いてきた民主的で文化的な国家を更に発展させるとともに,世界の平和と人類の福祉の向上に貢献することを願うものである。
　我々は,この理想を実現するため,個人の尊厳を重んじ,真理と正義を希求し,公共の精神を尊び,豊かな人間性と創造性を備えた人間の育成を期するとともに,伝統を継承し,新しい文化の創造を目指す教育を推進する。
　ここに,我々は,日本国憲法の精神にのっとり,我が国の未来を切り拓く教育の基本を確立し,その振興を図るため,この法律を制定する。

第1章　教育の目的及び理念

(教育の目的)
第1条　教育は,人格の完成を目指し,平和で民主的な国家及び社会の形成者として必要な資質を備えた心身ともに健康な国民の育成を期して行われなければならない。

(教育の目標)
第2条　教育は,その目的を実現するため,学問の自由を尊重しつつ,次に掲げる目標を達成するよう行われるものとする。
　一　幅広い知識と教養を身に付け,真理を求める態度を養い,豊かな情操と道徳心を培うとともに,健やかな身体を養うこと。
　二　個人の価値を尊重して,その能力を伸ばし,創造性を培い,自主及び自律の精神を養うとともに,職業及び生活との関連を重視し,勤労を重んずる態度を養うこと。
　三　正義と責任,男女の平等,自他の敬愛と協力を重んずるとともに,公共の精神に基づき,主体的に社会の形成に参画し,その発展に寄与する態度を養うこと。
　四　生命を尊び,自然を大切にし,環境の保全に寄与する態度を養うこと。
　五　伝統と文化を尊重し,それらをはぐくんできた我が国と郷土を愛するとともに,他国を尊重し,国際社会の平和と発展に寄与する態度を養うこと。

(生涯学習の理念)
第3条　国民一人一人が,自己の人格を磨き,豊かな人生を送ることができるよう,その生涯にわたって,あらゆる機会に,あらゆる場所において学習することができ,その成果を適切に生かすことのできる社会の実現が図られなければならない。

(教育の機会均等)
第4条　すべて国民は,ひとしく,その能力に応じた教育を受ける機会を与えられなければならず,人種,信条,性別,社会的身分,経済的地位又は門地によって,教育上差別されない。
2　国及び地方公共団体は,障害のある者が,その障害の状態に応じ,十分な教育を受けられるよう,教育上必要な支援を講じなければならない。
3　国及び地方公共団体は,能力があるにもかかわらず,経済的理由によって修学が困難な者に対して,奨学の措置を講じなければならない。

第2章　教育の実施に関する基本

(義務教育)
第5条　国民は,その保護する子に,別に法律で定めるところにより,普通教育を受けさせる義務を負う。
2　義務教育として行われる普通教育は,各個人の有する能力を伸ばしつつ社会において自立的に生きる基礎を培い,また,国家及び社会の形成者として必要とされる基本的な資質を養うことを目的として行われるものとする。
3　国及び地方公共団体は,義務教育の機会を

保障し，その水準を確保するため，適切な役割分担及び相互の協力の下，その実施に責任を負う。
4　国又は地方公共団体の設置する学校における義務教育については，授業料を徴収しない。

（学校教育）
第6条　法律に定める学校は，公の性質を有するものであって，国，地方公共団体及び法律に定める法人のみが，これを設置することができる。
2　前項の学校においては，教育の目標が達成されるよう，教育を受ける者の心身の発達に応じて，体系的な教育が組織的に行われなければならない。この場合において，教育を受ける者が，学校生活を営む上で必要な規律を重んずるとともに，自ら進んで学習に取り組む意欲を高めることを重視して行われなければならない。

（大学）
第7条　大学は，学術の中心として，高い教養と専門的能力を培うとともに，深く真理を探究して新たな知見を創造し，これらの成果を広く社会に提供することにより，社会の発展に寄与するものとする。
2　大学については，自主性，自律性その他の大学における教育及び研究の特性が尊重されなければならない。

（私立学校）
第8条　私立学校の有する公の性質及び学校教育において果たす重要な役割にかんがみ，国及び地方公共団体は，その自主性を尊重しつつ，助成その他の適当な方法によって私立学校教育の振興に努めなければならない。

（教員）
第9条　法律に定める学校の教員は，自己の崇高な使命を深く自覚し，絶えず研究と修養に励み，その職責の遂行に努めなければならない。
2　前項の教員については，その使命と職責の重要性にかんがみ，その身分は尊重され，待遇の適正が期せられるとともに，養成と研修の充実が図られなければならない。

（家庭教育）
第10条　父母その他の保護者は，子の教育について第一義的責任を有するものであって，生活のために必要な習慣を身に付けさせるとともに，自立心を育成し，心身の調和のとれた発達を図るよう努めるものとする。
2　国及び地方公共団体は，家庭教育の自主性を尊重しつつ，保護者に対する学習の機会及び情報の提供その他の家庭教育を支援するために必要な施策を講ずるよう努めなければならない。

（幼児期の教育）
第11条　幼児期の教育は，生涯にわたる人格形成の基礎を培う重要なものであることにかんがみ，国及び地方公共団体は，幼児の健やかな成長に資する良好な環境の整備その他適当な方法によって，その振興に努めなければならない。

（社会教育）
第12条　個人の要望や社会の要請にこたえ，社会において行われる教育は，国及び地方公共団体によって奨励されなければならない。
2　国及び地方公共団体は，図書館，博物館，公民館その他の社会教育施設の設置，学校の施設の利用，学習の機会及び情報の提供その他の適当な方法によって社会教育の振興に努めなければならない。

（学校，家庭及び地域住民等の相互の連携協力）
第13条　学校，家庭及び地域住民その他の関係者は，教育におけるそれぞれの役割と責任を自覚するとともに，相互の連携及び協力に努めるものとする。

（政治教育）
第14条　良識ある公民として必要な政治的教養は，教育上尊重されなければならない。
2　法律に定める学校は，特定の政党を支持し，又はこれに反対するための政治教育その他政治的活動をしてはならない。

（宗教教育）
第15条　宗教に関する寛容の態度，宗教に関する一般的な教養及び宗教の社会生活における地位は，教育上尊重されなければならない。
2　国及び地方公共団体が設置する学校は，特定の宗教のための宗教教育その他宗教的活動をしてはならない。

第3章　教育行政

（教育行政）
第16条　教育は，不当な支配に服することなく，この法律及び他の法律の定めるところにより行われるべきものであり，教育行政は，

国と地方公共団体との適切な役割分担及び相互の協力の下，公正かつ適正に行われなければならない。
2　国は，全国的な教育の機会均等と教育水準の維持向上を図るため，教育に関する施策を総合的に策定し，実施しなければならない。
3　地方公共団体は，その地域における教育の振興を図るため，その実情に応じた教育に関する施策を策定し，実施しなければならない。
4　国及び地方公共団体は，教育が円滑かつ継続的に実施されるよう，必要な財政上の措置を講じなければならない。
（教育振興基本計画）
第17条　政府は，教育の振興に関する施策の総合的かつ計画的な推進を図るため，教育の振興に関する施策についての基本的な方針及び講ずべき施策その他必要な事項について，基本的な計画を定め，これを国会に報告するとともに，公表しなければならない。
2　地方公共団体は，前項の計画を参酌し，その地域の実情に応じ，当該地方公共団体における教育の振興のための施策に関する基本的な計画を定めるよう努めなければならない。

第4章　法令の制定

第18条　この法律に規定する諸条項を実施するため，必要な法令が制定されなければならない。

附　則（略）

監　修
　寺﨑　昌男　立教学院
　黒澤　英典　武蔵大学
　別府　昭郎　明治大学

編集代表
　伊藤　直樹　明治大学
　金田　健司　了德寺大学
　杉浦　　健　近畿大学
　吉村日出東　奈良文化女子短期大学

教育実習64の質問

2009年4月5日　第1版第1刷発行
2011年8月10日　第1版第2刷発行

　　　　　　　　　寺﨑　昌男
　　　　監修　　黒澤　英典
　　　　　　　　　別府　昭郎

発行者	田中　千津子	〒153-0064　東京都目黒区下目黒3-6-1
発行所	株式会社　学文社	電話　03（3715）1501 ㈹ FAX 03（3715）2012 http://www.gakubunsha.com

© TERASAKI Masao, KUROSAWA Hidefumi, Beppu Akiro 2009

　　　　　　　　　　　　　　　印刷　シナノ印刷

乱丁・落丁の場合は本社でお取替えします。
定価は売上カード、カバーに表示。

ISBN978-4-7620-1910-4